もう悩まない台所のコツ
1週間システムクッキング

江崎美惠子

講談社

Prologue

忙しい毎日、家族の食事作りに がんばっているあなたへ

　今、主人と私は2人暮らしですので、仕事で遅くなる日以外は毎日買い物をし、新鮮な魚や野菜などを料理するぜいたくな食生活をしています。

　一方、娘たちは忙しい中、子どもたちの食事にお弁当作りにとがんばっています。それを見て私は、自分が調理師学校に通いながら、その後も仕事を持ちながら、毎日家族の食事と3人の子どもたちのお弁当を作っていた頃を思い出しました。

　当時は日曜日に主人と2人で、親子5人の1週間分のそれは大量の食料品を買い、その日のうちに下ごしらえをして、冷蔵庫、冷凍庫へ。足りないものの補充に、週の半ばに再び買い物に。この頃のさまざまな工夫って、今の忙しい主婦たちの役に立つのじゃないかしら？　と考えてこの本を作りました。

　計画的に献立を作り、買い物メモを作ってまとめて買い物をする利点は、

　①栄養のバランスを考えやすい

　②余分なものを買わないので、節約になる

　③料理に費やす時間が短くなる

　忙しい方は、ぜひこの本に沿って、食事を作ってみてください。そうして生活に余裕が生まれた皆さんの、笑顔が目に浮かびます。

　この本の料理を盛った器は、すべて私が集めたものです。盛りつけも素敵に！　と工夫していますが、そこまでしなくても大丈夫。気負わずに毎日の食事作りを楽しみましょう。

　　　　　　　　　　　心を込めて　江崎美惠子より

この本の
ポイント！

Point!

もう悩む必要なし！1週間分の夕食献立を紹介

春、夏、秋、冬と、四季折々の旬の食材を使った、季節感を楽しめる料理を組み合わせ、それぞれ1週間分の献立例を紹介します。献立は夕食向きのもので、平日は調理時間30分以内にできるものにしています。

献立の基本はシンプルに主菜1品、副菜2品の計3品

献立は、メインになる主菜と、前菜やサラダ、汁物などの副菜2品が基本です。主食はご飯やパンなど、好きなものを組み合わせてください。献立によっては、ご飯や麺を使った主食になる料理が組み込まれた日もあります。

そのまま持っていける買い物メモつき

1週間分の献立作りに必要な、食材の買い物メモを掲載。日曜日にまとめて1週間分を購入し、木曜日に少し買い足せばいいシステムです。メモを携帯電話のカメラで撮影して確認すれば、買い忘れがありません。家にある在庫、他に買うものなど、各自調整しながら活用してください。

3品が効率よく作れる！時短の調理手順を掲載

帰宅後30分で料理を完成させるためには、何をどんな順番で行うか、まず頭に入れておくことが大事です。無駄な動きを最小限に抑え、同時にできる作業はまとめてやり、おいしいタイミングで各料理を完成させることができるように、すべての献立に簡単な作業手順を示しています。

- 計量の単位は、大さじ1は15ml、小さじ1は5ml、カップ1は200ml、1合は180mlです。
- 電子レンジは、出力600Wのものを使っています。加熱時間はお手持ちの機種によって加減してください。
- 「塩ゆで」とあるものは、約0.5%の塩分の熱湯でゆでてください。水1ℓに対して塩小さじ1の割合で加えます。
- 「だし汁（濃いめ）」とあるものは、表示よりも、だしパックを倍の量使用するか、水の量を半分にしてとっただし汁です。
- 固形ブイヨンは、1個7.1g、熱湯300mlで溶くチキンブイヨンを使用しています。
- 中華風の料理では紹興酒を使っていますが、日本酒で代用できます。
- 買い物メモは、掲載した料理に必要な材料を記しています。ただし、基本調味料と米は省いてあります。
  また、あしらいなどで使用するもの、市販品で代用できるものには★をつけました。

「もう悩まない台所のコツ　1週間システムクッキング」

Contents

- 2　忙しい毎日、家族の食事作りに
　　がんばっているあなたへ

- 3　この本のポイント！

- 6　毎日の食事作りが劇的にらくになる！
　　美恵子流
　　システムクッキングの極意

- 8　システムクッキングの基本アイテム 1
　　1週間の食事作りを支える味方！
　　作り置き冷凍野菜 & ピクルス

- 10　システムクッキングの基本アイテム 2
　　これがあれば味が簡単に決まる！
　　手作り調味料 & 自家製だしの作り方

- 12　システムクッキングの基本アイテム 3
　　味と効率がアップする
　　正しい調理道具の選び方

- 14　上手に活用しておいしく時短
　　おすすめのお助け食材

1章　春の食事作り

- 16　春の献立 1 週間
　　買い物メモ・日曜日分、木曜日分

- 18　日曜日にする下準備はこちら
　　昆布と貝柱のだし汁を作る／
　　さわらの塩麹づけを作る／
　　赤ピーマンのピクルスを作る

- 19　日曜日の献立
　　カプレーゼ風サラダ
　　いかとセロリのジェノベーゼあえ
　　具だくさんパエリア

- 22　月曜日の献立
　　スナップえんどうと焼き豚のサラダ
　　ゆでキャベツの桜あんかけ
　　さわらの塩麹づけ焼き

- 24　火曜日の献立
　　さんま缶ときゅうりのサラダ
　　コーンクリームスープ
　　アスパラガスの牛肉巻き焼き

- 26　水曜日の献立
　　せん切り野菜とくらげのサラダ
　　豆苗とじゃこのピーナッツあえ
　　酢豚

- 28　木曜日の献立
　　新玉ねぎの巣ごもりサラダ
　　竹の子ご飯
　　めばるの煮つけ

- 30　金曜日の献立
　　夏みかんサラダ
　　あさりの白ワイン蒸し
　　すずきのソテー

- 32　土曜日の献立
　　春夏野菜のサラダ
　　わかめと絹さやのペンネ
　　チキンクリームシチュー

- 34　まるで炊きたてみたいなおいしさ！
　　ご飯の冷凍 & 解凍のコツ

2章　夏の食事作り

- 36　夏の献立 1 週間
　　買い物メモ・日曜日分、木曜日分

- 38　日曜日にする下準備はこちら
　　昆布にんにくしょうゆを作る／帆立て貝柱に塩をふる／
　　赤ピーマンのピクルスを作る／煮きり酒を作る

- 39　日曜日の献立
　　かつおのたたきサラダ
　　なす田楽
　　冷やししゃぶしゃぶ

- 42　月曜日の献立
　　帆立てとえびのマリネサラダ
　　そうめんパスタのトマトソース
　　舌びらめのムニエル

- 44　火曜日の献立
　　オクラの納豆あえ
　　あなごとピクルスの南蛮漬け風
　　筑前煮

- 46　水曜日の献立
　　コーンと豆のサラダ
　　アスパラガスのうにソース焼き
　　さっぱりポークカツレツ

- 48　木曜日の献立
　　鯛の中華風サラダ
　　かぼちゃのスープ
　　一尾魚の香味蒸し

50 **金**曜日の献立
　変わり冷や奴
　塩ゆでそら豆
　牛肉となすのみそ炒め
52 **土**曜日の献立
　たことらっきょうのカルパッチョ
　スクランブルドエッグ
　シーフードカレー
54 帰宅後30分で3品、のための時短の小ワザを公開！

3章　秋の食事作り

56 **秋の献立1週間**
　買い物メモ・日曜日分、木曜日分
58 **日曜日にする下準備はこちら**
　たらのみそ漬けを作る／煮きり酒を作る／
　あめ色玉ねぎを作る／煮干しのだし汁を作る
59 **日**曜日の献立
　お造りサラダ
　プリッツの生ハム巻き
　ブイヤベース
62 **月**曜日の献立
　れんこんの梅肉酢あえ
　かきの茶碗蒸し
　牛肉のすき焼き風煮
64 **火**曜日の献立
　いかともずくの酢の物
　ほうれんそうのバター炒め
　たらのみそ漬け焼き
66 **水**曜日の献立
　中華風温野菜サラダ
　ごちそう炒飯
　トマト入りかに玉
68 **木**曜日の献立
　冷製パスタサラダ
　ミネストローネ
　さけのムニエル
70 **金**曜日の献立
　小鯛の笹漬けサラダ
　根菜のみそスープ
　照り焼きチキン
72 **土**曜日の献立
　いちじくのカプレーゼ風
　スモークサーモンのばらの花
　豚肉のポトフ
74 番外編　いつもの献立が違う一品に！
　手軽な応用＆展開レシピ

4章　冬の食事作り

76 **冬の献立1週間**
　買い物メモ・日曜日分、木曜日分
78 **日曜日にする下準備はこちら**
　赤ピーマンのピクルスを作る／あめ色玉ねぎを作る／
　いとよりに塩をふる／煮干しのだし汁を作る
79 **日**曜日の献立
　スモークオイスターサラダ
　簡単ガスパチョ
　ローストチキン
82 **月**曜日の献立
　カリフラワーの焼きサラダ
　黒豆のカッテージチーズあえ
　いとよりの野菜スープ浸し
84 **火**曜日の献立
　豆腐のきのこあんかけ
　茶そば
　豚肉ともやしの甘口しょうゆあえ
86 **水**曜日の献立
　切り干し大根のツナサラダ
　コロコロステーキ
　あなごのかぶら蒸し
88 **木曜日にする下準備はこちら**
　魚介に塩をふる／まぐろのづけを作る
89 **木**曜日の献立
　白菜の中華風サラダ
　麻婆ごま豆腐
　海の幸の焼きそば
92 **金**曜日の献立
　まぐろとアボカドのサラダ
　長芋のじゃがバタ風
　鶏胸肉のステーキ
94 **土**曜日の献立
　じゃが芋のシャキシャキサラダ
　鴨とキウイのあえ物
　ちり鍋

毎日の食事作りが劇的にらくになる！

美惠子流
システムクッキングの極意

慌ただしい生活の中、手作りの食事を毎日用意し続けるのは、なかなか大変なことですよね。
仕事をしながら夫と3人の子どもの食事を作り続けた経験から言えるのは、
とにかく"悩まず、無駄なく、計画的に"ということ。
そのために私が編み出したのは"献立、買い物、調理手順を効率的にシステム化する"という方法です。
まずはそのポイントをご紹介しましょう。

① 献立は1週間単位で考える

よほどの料理の上級者でない限り、毎日いきあたりばったりで買い物に行き、その場で献立を考えるのはかなり時間の無駄になります。ですから、献立は週末に1週間分まとめて考えましょう。コツは、まずメインの食材を鶏肉、豚肉、牛肉、魚介、となるべく毎日重ならないように決め、それから和風、イタリアン、中華風など、味の変化をつけていくと立てやすいです。最初は面倒と感じるかもしれませんが、バランスがとりやすいですし、何より毎日献立に悩むストレスがなくなり、ぐっとらくになりますよ。今回は四季ごとの献立1週間を作ってありますので、まずはそのまま真似て作ってみてください。

② 買い物は週に1回＋αでいい

忙しいと買い物に行く時間もなかなかとれません。まして、子連れだと時間もかかります。1週間分の献立が決まったら、買い物も週に1回、日曜日にまとめてすませてしまいましょう。とはいえ、魚や葉野菜などは、なるべく新鮮なものを食べたいので、できれば週の半ばに食材を買い足す、という1回＋αシステムに。今回は木曜日に設定しました。買い物日が決まっているので、予定も立てやすくなりますよ。

③ 買い物メモが勝負のカギ！

買い物で買い忘れがあったりしたら、せっかく考えた献立も台無し。そのためには絶対手ぶらで買い物に行かないこと！ 1週間分の献立を考えたら、必要な食材と量を書き出して買い物メモを作り、必ずそれを持って買い物に行きましょう。今回はそれぞれ1週間分の買い物メモを載せてありますので、携帯で写真を撮れば、そのまますぐに使えます！

4 日曜日の仕込みで あとの6日がらくに

買い物から帰ったら、もうひと踏ん張り！ 魚介類はさっと塩をふったり、つけ込んだり、野菜はレンジで半調理してから冷凍庫でストックする「彩り野菜」(8ページ)にしたり、とちょっとした仕込みまでやってしまいましょう。特に彩り野菜を作っておくと、酢豚、筑前煮、カレー、ポトフなどがあっという間にできるので、もう手放せません。一度だまされたと思ってやってみてください(笑)。次からは"この数十分の手間であとの6日がらくになる"とやる気がわいてきますよ。

5 おいしい市販品を どんどん活用

もちろんすべて手作りにできれば理想的ですが、無理して作る必要はありません。今は市販の缶詰、加工品、半調理製品にもおいしくて品質のよいものがたくさんあります。好みのもの、家族が喜ぶものはどんどん活用しましょう。そのまま食べるだけではなく、野菜と混ぜたり、汁を調味料代わりに使ったりすれば、あっという間に洒落た副菜のでき上がりです。市販品をひとひねりしたレシピをたくさん紹介していますので、ぜひ活用してください。

6 優秀な調理道具の 助けを借りる！

実は私は自他ともに認める調理道具マニア(笑)。これまで相当な種類の道具を試して実感しているのは、優秀な調理道具を使うと、格段に料理の効率がアップする、ということ。例えば、魚のムニエルを返すとき、いいターナーを使えば、さっとできて身もくずれませんが、使いにくいものだとなかなかうまくできず、イライラするし、無駄な時間を使うことに。細かいことかもしれませんが、そういったちょっとした作業をスムーズにできることが、時短には大切なことなのです。

システムクッキングの 基本アイテム 1

1週間の食事作りを支える味方!
作り置き冷凍野菜&ピクルス

家族に野菜をたっぷり食べさせたい、でも下ごしらえや加熱に時間がかかるのが悩みの種。
そこで私が編み出したのが、自家製の作り置き冷凍野菜とピクルスです。
これさえ作っておけば、いろいろな料理にすぐ使うことができて本当にらく。
栄養バランスもよくなりますし、今や私にとっては欠かせないものです。
今回の献立でもたくさん使っている基本アイテムなので、ぜひ作り方を覚えてくださいね。

時短料理の強い味方
洋風&和風「彩り野菜」

「彩り野菜」とは、料理にすぐ使えるように、何種類かの野菜をある程度加熱し、冷凍保存したもの。洋風、和風とそれぞれの料理に合うよう、野菜の種類をかえて2種類作り分けています。

彩り野菜 洋

材料(でき上がり約1000g分)
- にんじん … 大1本(150g)
- 玉ねぎ … 大1個(250g)
- セロリ … 1本(100g)
- パプリカ(赤・黄)… 各大1個(各150g)
- ズッキーニ … 大1本(150g)
- ブロッコリー … 小1個(150g)
- 塩 … 適量

作り方

1. にんじんは1cm厚さの輪切りか半月切りにする。
2. 玉ねぎは3cm角、セロリは葉を除いて2cm長さ、パプリカはへたと種を除いて3cm角、ズッキーニは1.5cm厚さの輪切りか半月切りにする。
3. ブロッコリーは小房に分ける。
4. 耐熱ボウルに1を入れて塩少々、水大さじ1をふり入れ、ラップをかけて電子レンジで3分加熱する。
5. 2を加えて塩少々、水大さじ1をふり、上下を返すように全体を混ぜる。ラップをかけて再びレンジで3分加熱する。
6. 再び全体を混ぜ、3をのせて同様に塩と水をふり、ラップをかけてレンジで3分加熱する。
7. そのまま2分蒸らし、バットなどにあけて冷ます。3等分して冷凍用の保存袋に入れ、平らにならして冷凍する。

レシピで使用: 酢豚(P27)、チキンクリームシチュー(P33)、ブイヤベース(P61)、ミネストローネ(P68)、豚肉のポトフ(P73)、ローストチキン(P81)

彩り野菜

和

材料（でき上がり約1200g分）
- ごぼう … 25cm長さ6本（300g）
- にんじん … 大2本（300g）
- れんこん … 1節（300g）
- かぶ … 2個（250g）
- さやいんげん … 12本（60g）
- 塩 … 適量

作り方

1. ごぼうは2〜2.5cm長さに切り、水につけてあくを抜く。
2. にんじんは1cm厚さの輪切りか半月切りに。
3. れんこんは1cm厚さの輪切りか半月切りにし、水につけてあくを抜く。
4. かぶは6〜8個のくし形に切り、さやいんげんは長さを3等分に切る。
5. 耐熱ボウルに水けをきった1を入れて塩少々、水大さじ1をふり入れ、ラップをかけ電子レンジで4分加熱する。ボウルの底にたまった水分をふきとる。
6. 2を加えて塩少々と水大さじ1をふり、全体を混ぜ、ラップをかけてレンジで4分加熱する。
7. 全体を混ぜ、れんこんを加えて同様にして3分加熱する。4を加えて同様にし、3分加熱する。
8. バットなどにあけて冷ます。3等分して冷凍用の保存袋に入れ、平らにならして冷凍する。

Point!

使用するボウルは、材料がすべて入る大きさ（直径23cm）で、電子レンジ対応のガラス製がおすすめ。

ラップをかけるときは、蒸気がもれないようにきっちりと閉じる。ただし、あまりピンと張りすぎると破れるので注意。

使用するときは、室温において半解凍に。急ぐときは袋ごと流水に当てる。

レシピで使用：筑前煮（P44）、中華風温野菜サラダ（P66）、根菜のみそスープ（P70）

サラダやつけ合わせなどに大活躍
赤ピーマンのピクルス

甘すぎず、酸っぱすぎないように、と何度も試作を重ねて完成させた自慢のレシピ。りんごジュースを使うのがポイント。具はもちろん、つけ汁も調味料代わりに使えるすぐれものです。

材料（作りやすい分量）
- 赤ピーマン＊ … 10個
- 塩 … 適量
- A りんごジュース（果汁100％） … カップ1½
-   砂糖 … 70g
-   塩 … 大さじ1½
- 白ワインビネガー … 150ml
- B ローリエ … 4枚
-   クローブ、白こしょう（ホール） … 各6個

＊大ぶりで肉厚のパプリカではなく、ピーマンを使う。

作り方

1. ステンレスかホーローの鍋にAを煮立て、白ワインビネガーを加えて再びかるく煮立ったら火を止め、冷ます。
2. 赤ピーマンは縦半分に切り、へたと種をとり、1〜2分塩ゆでし、ざるに上げて水けをきる。
3. ガラス瓶などの容器に2とBを入れ、1を注ぐ。

Point!

冷蔵庫で1晩おいたら食べごろ。長期保存はできないので、1週間程度で食べきる。つけ汁もドレッシングなどに利用できる。赤ピーマンのほか、カリフラワーやかぼちゃ、小玉ねぎなどで作っても。

レシピで使用：アスパラガスの牛肉巻き焼き（P25）、あなごとピクルスの南蛮漬け風（P44）、照り焼きチキン（P71）、スモークサーモンのばらの花（P72、つけ汁のみ）、スモークオイスターサラダ（P80）

システムクッキングの **基本アイテム2**

これがあれば味が簡単に決まる！
手作り調味料＆自家製だしの作り方

おいしい調味料は、時短の強い味方！
それさえあれば味がぱっと決まるので、調理がとてもらくになります。
市販品もいろいろありますが、味が濃かったり、添加物が気になったりするので、
我が家で一番活躍するのは自家製のもの。
昆布にんにくしょうゆは、これを入れるだけで、
ドレッシング、炒め物がぐっとおいしくなる"お助け調味料"。
炒飯、焼きそばも絶品ですよ。我が家の台所はこれなしでは成り立たないくらい（笑）。
煮干しのだし汁は、味に深みが出るので、
和風料理に使うと、料理上手になったとほめられますよ。
どれも簡単に作れて応用範囲が広いので、ぜひ冷蔵庫に常備してくださいね。

下味からたれまで使い勝手抜群！
昆布にんにくしょうゆ

材料（作りやすい分量）

にんにく … 1玉
昆布 … 5cm角3枚
薄口しょうゆ、しょうゆ … 各カップ1

作り方

1 にんにくは皮をむき、昆布とともにキッチンペーパーでふく。
2 保存瓶（＊）に1を入れ、しょうゆ2種を注ぎ、冷蔵庫で保存する。

＊使用する前に、内側に消毒用アルコールか焼酎をふって殺菌する。

レシピで使用
- アスパラガスの牛肉巻き焼き (P25)
- せん切り野菜とくらげのサラダ (P26)
- 酢豚 (P27)
- かつおのたたきサラダ (P40)
- 鯛の中華風サラダ (P48)
- ほうれんそうのバター炒め (P64)
- ごちそう炒飯 (P66)
- 豚肉のポトフ (P73)
- 海の幸の焼きそば (P91)

Point!
少なくなったら、各材料をつぎ足す。つぎ足しながら3〜4ヵ月はもつ。つけたにんにくも薬味などに使える。

みそ汁、煮物に大活躍のだし
煮干しのだし汁

材料（でき上がり約1ℓ分）
煮干し … 頭とわたをとって60g
昆布 … 16g
水 … カップ6

作り方
容器にすべての材料を入れる。ふたをして冷蔵庫で保存する。使用するときに、こして鍋に入れ、一煮立ちさせてあくをとる。

＊保存は冷蔵庫で4～5日程度。

| レシピで使用 | 根菜のみそスープ（P70）
豆腐のきのこあんかけ（P84） |

Point!

煮干しは頭とわたを丁寧にとり除くと、雑味のないスッキリとしただしになる。

その他にあると便利な調味料
煮きり酒・煮きりみりん

作り方
酒、またはみりんカップ1ほどを小鍋に入れ、火にかける。鍋の中に炎が立たないように火の強さに注意する。1分ほど煮立てたら火を止め、粗熱をとって瓶に入れ、冷蔵保存する。

酒、みりんは、一度煮立たせてアルコール分をとばして保存しておくと、そのままたれやドレッシングなどにすぐに使えて便利。また、お子さん用の食事にも安心して使えますよ。

| レシピで使用 | 鯛の中華風サラダ（P48）
いかともずくの酢の物（P64） |

システムクッキングの **基本アイテム3**

味と効率がアップする

正しい調理道具の選び方

旅先で調理道具屋を見つけると、何時間でもいられるほど、調理道具が大好きです。
私が今使っているのは、これまで数々試して選び抜いた、究極のものばかり。
今回の料理もすべてこちらの道具で作りました。
鍋やフライパンはもちろん、計量スプーンやざるひとつとっても、
適当なものだと使いにくかったり、汚れがつきやすかったり、と結局余計な手間がかかります。
よい道具を使うと見違えるように調理効率が上がり、また味もよくなるのです。
時短をかなえる調理道具、少しずつ揃えてみませんか。

鍋は大・中・小の3種類だけでOK

野菜をまとめてゆでたり、パスタと野菜を一緒にゆでたり、蒸し網を敷いて蒸し器代わりに使ったりできる、大きな鍋もぜひ用意を。持ち手が熱くなりにくい、収納するときに重ねられるなども選ぶポイントです。蒸し網は鍋のサイズに合わせ、脚つきで金属製の丈夫なものを選びましょう。

中尾アルミ製作所製のキングデンジシリーズ。右から、27cmの外輪鍋、21cmの片手鍋、18cmの浅型片手鍋ソテー。

フライパンはふたつきを

時短のためにはフッ素樹脂加工がおすすめ。ル・クルーゼのものは外側も加工されているので汚れにくい点も優秀。またハンドルが熱くならないので、鍋つかみも不要です。
深さがある中華鍋は、4人分の炒め物、煮物に大活躍。いずれも熱伝導がよく、均一に火が通る重みや厚みのあるものなので、おいしく仕上がります。蒸し焼きに必要な、サイズが合うふたも必須。ガラス製ならはずさずに中の様子が見えるので重宝です。

中央は直径30cmの中華鍋（フライングソーサー）、左はTNSシャロー・フライパン28cm、右は同24cm、TNSガラスフタ（ル・クルーゼ）。

下ごしらえに必須のバット、ボウル

材料に調味料をふったり、保存したりするときに使うバットは、ステンレス製のものなら扱いやすく、洗いやすいので清潔さも保てます。ボウルは、耐熱ガラス製だと、電子レンジの加熱にも安心。それぞれ大・中・小をいくつか揃えましょう。同じシリーズのものだと重ねて収納できます。

バットは、30×23cm、26.5×20.5cm、21×17cm。ボウルは、23cm、20cm、17cm。

時短にも有効なざる

ざるは、ステンレスを穴あけ加工して作ったパンチングタイプがおすすめ。すみずみまできれいに洗えて清潔です。ボウル状のものより、盆ざるが使いやすいのでぜひ使ってみてください。手つきのものは鍋にかけて使えるボイルバスケットというタイプを。大鍋に入れて、いくつかの材料を同時にゆで上げることができます。鍋の大きさに合わせて径や深さを選ぶとよいでしょう。

盆ざるは、パンチング盆ザルボール（三宝産業）の18cm、21cm、24cm、27cm。ボイルバスケットは、直径18cmなど。

すくう、混ぜる、持つをストレスなく

ボウルや鍋などから残らずきれいにとりたい、形をくずさずに盛りつけたり返したりしたい、火傷の心配をせず安全に調理したい……。そんな要望に応えてくれる、厳選グッズがこちら。このターナーに出会ってから、くずれやすい魚を返すときの、ストレスが皆無になりました。

右から、焼き魚かえしターナー（貝印）、CAKELAND ウィズ シリコンゴムヘラ（タイガークラウン）、ののじ 穴明きオタモ（レーベン販売）、シリコン製耐熱防水手袋（東急ハンズで購入）。

計量グッズも使いやすさ優先に

計量スプーン、計量カップ、はかりも使いやすいものを揃えると、時短につながります。計量スプーンは柄の部分が硬いものを選ぶのがポイント。ぐにゃっと曲がらないから、計量してそのまま素早く混ぜたり、盛りつけしたりできます。計量カップは耐熱ガラス製を。量が見やすく、そのままレンジ加熱も可能です。はかりは、風袋を引いて計量できるデジタル製を。

計量スプーンは熱でゆがんだり、力を入れると曲がるようなものはNG。なるべく丈夫なものを選ぶ。

上手に活用しておいしく時短

おすすめのお助け食材

今は市販のだしパックや顆粒スープ、缶詰などの加工食品も、かなりレベルの高いものが増えました。
私はマメにチェックし、いいアレンジ法がないか、日々試しています。
上手に使えば、あっという間に一品できるので大助かりです。
今回の料理で使った、私のおすすめをご紹介しますね。

だし スープ類
なるべく自然素材を使ったものを。

● 鰹節屋のだしパック
水に入れて煮出すだけでだし汁がとれるだしパック。濃いめにとりたいときは、表示の分量より水の量を半分に減らすか、倍の量のだしパックを使います（P22、44、62、87）。

● ほんだし鰹まる
液体状のだしの素は、水に溶いてだし汁にします。ソースのうまみをアップさせたいときなどに便利。少量をそのまま加えて使うこともできます（P40、62）。

● フュメド ポワソン
本格的な魚介のだし汁（スープ）を家庭でとるのは大変。顆粒タイプなら、使いたいときにすぐに使え、分量も好みのまま。魚のソテーのソースなどに（P31、43、53、69、83）。

缶詰
そのまま食べても、アレンジしてもおいしいものを。

● イタリアンなサンマ
和風だけでなく、洋風に調理された魚介の缶詰も、最近は出回るようになりました。野菜と合わせれば、ヘルシーなサラダがあっという間に完成します（P24）。

● 赤貝味付大粒 時雨煮仕立て
定番のしぐれ煮やつくだ煮は、ときどき無性に食べたくなる味です。混ぜご飯などにしてもよいですし、野菜などと合わせて小鉢やサラダにしても（P46）。

● 缶つまプレミアム 広島県産 かき燻製油漬け
お酒のおつまみにと作られた缶詰は、実は子どもにも好評です。材料や製法にこだわりがあるのもいいですね。おいしい缶汁はドレッシングにも使えます（P80）。

その他
料理のアクセントや味を引き立ててくれるものを。

● 粒うに
お土産や贈答品としてもよくいただく瓶詰。そのまま食べるだけでは飽きてしまうこともあります。ソースやたれの隠し味などに使えば、ちょっとぜいたくな味に（P46）。

● ワインらっきょう
彩りのきれいさから選んだ漬物ですが、味も大当たりでした。食卓に彩りが少ないときに活用します。甘酢味の程よい酸味が味のアクセントにもなります（P52）。

● マッシュポテト
文字通りのマッシュポテトだけでなく、ポテトサラダ、コロッケなど、さまざまな料理に手軽に使えます。私はスープのとろみづけに使ったりもします（P80）。

1章

春の食事作り

春は季節の変わり目で体調を崩しやすい時期でもあります。
旬の野菜と魚介をたっぷり使った献立で、
1週間を乗り切りましょう！
見た目も彩りよく、楽しく食卓を囲めるメニューが揃っています。

Spring

Sunday
Monday
Tuesday
Wednesday
Thursday
Friday
Saturday

春の献立1週間

寒い冬が終わり、待ちに待った春。
菜の花、ふきや竹の子などが春の訪れを告げてくれます。
春キャベツもやわらかくておいしい。さわら、めばるなどが魚屋さんに並びます。

日 フライパンパエリアと簡単副菜2品
- カプレーゼ風サラダ
- いかとセロリのジェノベーゼあえ
- 具だくさんパエリア

月 春が旬の野菜や魚で季節感たっぷり
- スナップえんどうと焼き豚のサラダ
- ゆでキャベツの桜あんかけ
- さわらの塩麹づけ焼き

火 市販品や作り置きを活用して色鮮やかに
- さんま缶ときゅうりのサラダ
- コーンクリームスープ
- アスパラガスの牛肉巻き焼き

買い物メモ1　日曜日分

〈野菜・果物など〉
- フルーツトマト　2個
- サンチュ　4枚
- セロリ　1本
- さやいんげん　60g+8本
- スナップえんどう　16本
- 甘長唐辛子　6本
- きゅうり　4本
- 春キャベツ　1/4個
- 豆苗　1パック
- 玉ねぎ　1/2個
- グリーンアスパラガス　3本
- 大根　8cm
- にんじん　8cm
- にんにく　2かけ
- しょうが　1かけ
- 木の芽　★
- パセリ　★
- しいたけ　14個
- レモン　2個

―赤ピーマンのピクルス―
- 赤ピーマン　10個
- りんごジュース　カップ1 1/2
- ローリエ
- クローブ
- 白こしょう（ホール）
- 白ワインビネガー

―彩り野菜・洋―
- にんじん　大1本
- 玉ねぎ　大1個
- セロリ　1本
- パプリカ（赤・黄）　各大1個
- ズッキーニ　大1本
- ブロッコリー　小1個

―ジェノベーゼソース★―
- バジルの葉　10g
- イタリアンパセリの葉　5g
- ベルギーエシャロット　25g
- にんにく　1/2かけ
- ケーパー　10g
- 松の実　10g+適量
- アンチョビペースト　大さじ1/2

―昆布にんにくしょうゆ★―
- にんにく　1玉
- 昆布　5cm角3枚
- 薄口しょうゆ　カップ1
- しょうゆ　カップ1

〈魚介〉
- さわら　4切れ
- いか（刺身用）　160g
- えび　8尾
- くらげ（塩抜き済み）　80g
- ちりめんじゃこ　20g

〈肉〉
- 牛薄切り肉　12枚（400g）
- 豚肉（酢豚用）　300g
- ソーセージ　6本
- ベーコン（薄切り）　80g
- 焼き豚（薄切り、たれつき）　70g

〈卵・牛乳・豆腐など〉
- 牛乳　カップ1 1/2

〈缶詰・冷凍食品〉
- さんま（缶詰）　1缶（70g）
- クリームコーン（缶詰）　300g

〈乾物・加工品・その他〉
- フェタチーズとオリーブオイル漬け　1瓶
- ファルファッレ　★100g
- ペンネ　200g
- 干し桜えび　10g
- 干し貝柱　40g（顆粒貝柱スープ）
- 昆布
- いり白ごま　★
- ピーナッツ　★
- 麻の実　★
- 赤じそふりかけ　小さじ1
- わかめスープの素　2袋
- レーズン　30g
- 顆粒片栗粉

〈調味料・スパイス〉
- クリームシチューのルウ　4皿分（75g）
- 薄口しょうゆ
- たまりじょうゆ★
- めんつゆ
- ポン酢しょうゆ
- だしパック
- 固形ブイヨン
- 中華スープの素（ペースト）
- 顆粒コンソメパウダー
- オリーブ油
- ごま油
- 塩麹
- トマトソース
- トマトペースト
- 練りがらし
- 粒マスタード
- はちみつ
- メープルシロップ
- サフラン★（パプリカパウダー）
- 白ワイン
- 紹興酒★
- 無糖ピーナッツバター

★は、余裕があれば購入（盛りつけの飾り用の食材、代用可能な調味料など）

春　春の献立1週間

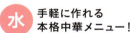 手軽に作れる本格中華メニュー！
- せん切り野菜ときくらげのサラダ
- 豆苗とじゃこのピーナッツあえ
- 酢豚

 春らしさ満点の和風献立
- 新玉ねぎの巣ごもりサラダ
- 竹の子ご飯
- めばるの煮つけ

 おいしい魚介をたっぷり味わって！
- 夏みかんサラダ
- あさりの白ワイン蒸し
- すずきのソテー

買い物メモ2　木曜日分

〈果物・野菜など〉
- 新玉ねぎ　1個
- 水菜　1束
- スプラウト　1パック
- ゆで竹の子　160g
- ふきの水煮　1袋
- ブロッコリー　1/2個
- サラダ菜　1個
- オクラ　6本
- スナップえんどう　12本
- 万願寺唐辛子　2本
- キャベツ　1/4個
- ミニトマト　8個
- 絹さや　10本
- じゃが芋　1個
- しいたけ　4個
- ミント
- 夏みかん　1個
- レモン　1/2個
- ライム　1個

〈魚介〉
- めばる　4尾
- すずき　4切れ
- あさり（殻つき・砂抜き）　700g

〈肉〉
- 鶏もも肉（皮なし）　150g
- 手羽元　8本

〈卵・牛乳・豆腐など〉
- 温泉卵　4個
- 牛乳　250ml
- カスピ海ヨーグルト　100g
- 木綿豆腐　200g

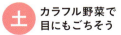

 カラフル野菜で目にもごちそう
- 春夏野菜のサラダ
- わかめと絹さやのペンネ
- チキンクリームシチュー

日曜日にする下準備はこちら

干し貝柱と昆布のだしは、日曜日の夜にすぐ使うので、
買い物はなるべく早めにすませ、帰宅したらすぐ水につけましょう。
さわらと赤ピーマンも仕込めば、週の前半はらくらく乗り切れますよ。

買い物の後にすぐしておくことは……

① 昆布と貝柱のだし汁を作る　→日曜日に使う

材料（4人分）
昆布 … 10cm角1枚
干し貝柱 … 40g
水 … 380ml

作り方
干し貝柱と昆布は分量の水につけ、3時間以上おく（気温が高い日は冷蔵庫へ）。

② さわらの塩麴づけを作る　→月曜日に使う

材料（4人分）
さわら … 4切れ
塩麴 … 大さじ2

作り方
1 さわらは塩麴を全体に薄く塗り、バットに並べる。
2 1のさわらの表面にラップをぴったりと張りつけるようにかけて、冷蔵庫で保存する。

③ 赤ピーマンのピクルスを作る　→火曜日に使う

材料と作り方は9ページ

| ゆとりが
あったら
やってみましょう
（市販品で代用可） | ＞ | **昆布にんにくしょうゆを作る**　→火曜日に使う　材料と作り方は10ページ
ジェノベーゼソースを作る　→日曜日、金曜日に使う　材料と作り方は20ページ |

日曜日の献立

フライパンパエリアと簡単副菜2品

カプレーゼ風サラダ
いかとセロリのジェノベーゼあえ
具だくさんパエリア

春 日曜日の献立と下準備

カプレーゼ風サラダ
いかとセロリのジェノベーゼあえ
具だくさんパエリア

春 (日) Sunday

| 調理の手順 | → | 主食の昆布と貝柱をもどす（前の晩、もしくは午前中） | → | 主食の米をとぎ、副菜2のソースを作る |

市販品＋野菜で
カプレーゼ風サラダ 〈副菜1〉

材料（4人分）

- フェタチーズとオリーブのオイル漬け（市販）
  - フェタチーズ … 65g
  - オリーブ … 4個
  - つけ汁（オイル）… 大さじ2
- フルーツトマト … 2個
- サンチュ … 4枚
- レモンの輪切り … 8枚
- レモン汁 … 小さじ1
- 塩 … 適量

作り方

1. フルーツトマトは5mm厚さの輪切りにし、塩少々をふる。オリーブは種をとり、刻む。
2. オイル漬けのつけ汁、レモン汁、塩少々を混ぜ合わせてドレッシングを作る。
3. 器にサンチュを敷き、レモン、トマト、チーズをのせてオリーブを飾り、ドレッシングをかける。

ゆでてあえるだけ
いかとセロリのジェノベーゼあえ 〈副菜2〉

材料（4人分・ソースは作りやすい分量）

- いか（刺身用）… 160g
- セロリ … 1本
- ジェノベーゼソース＊
  - バジルの葉 … 10g
  - イタリアンパセリの葉 … 5g
  - ベルギーエシャロット … 25g
  - にんにく … 1/2かけ
  - アンチョビペースト … 大さじ1/2
  - ケーパー、松の実 … 各10g
  - オリーブ油 … 50ml
  - 塩 … 少々
- 松の実、塩 … 各適量

作り方

1. エシャロットとにんにくは粗みじんに切りにし、その他のソースの材料とともにフードプロセッサーで撹拌する。
2. セロリは筋をとって5mm厚さの斜め切りにし、いかは表面に斜めに切り込みを入れて一口大に切る。
3. 2をさっと塩ゆでし、水にとって水けをきる。
4. 3を1のソース大さじ2であえ、器に盛って松の実をのせる。

Point! フェタチーズはオイル漬けなら調味いらずで、つけ汁のオイルはドレッシングに利用できて便利。他の好みのチーズで作ってもOK。

＊市販品で代用してもOK。残ったソースは冷蔵で5〜6日もつのでパスタや野菜とあえてもおいしい。使用するときに、好みで粉チーズを加えても。

| → 野菜や魚介の下ごしらえをする | → 主食を作る | → 副菜2を作る | → 副菜1を作る | → 主食を仕上げる |

春 日曜日の献立

フライパン一つで失敗もなし
具だくさんパエリア 主食

材料（4人分）

米 … 2合
昆布と貝柱のだし汁（18ページ）
サフラン … 2つまみ
　（またはパプリカパウダー … 小さじ1）
ソーセージ … 6本
えび … 8尾
しいたけ … 6個
さやいんげん … 60g
オリーブ油 … 大さじ2
トマトソース … 大さじ3
塩 … 適量
こしょう … 少々

Point!
昆布と干し貝柱は、時間がないときは湯につけてもOK。用意できないときは、顆粒スープの素を水に溶かして代用を。

作り方

1 米はといで水けをきる。昆布と貝柱のだし汁は昆布と干し貝柱をとり出し、貝柱はほぐす。つけ汁は水を足して380mlにし、サフランをもんで加える。

2 しいたけは8mm幅に切り、さやいんげんは1cm長さに切る。

3 ソーセージは一口大の斜め切りにし、えびは殻と背わたをとる。

4 フライパンにオリーブ油大さじ1を熱し、中火でえびを炒めて塩少々をふり、とり出す。

5 4のフライパンに3のソーセージ、2を入れて炒める。残りのオリーブ油を足し、米を加えて透き通るまで炒め、塩、こしょう各少々をふり、貝柱を加えて火を止める。

6 トマトソースと1の汁を合わせ、5に加えて軽く混ぜ、ふたをして中火〜強火にかける。ふたのすき間から蒸気がしっかり出るようになったら弱火にし、10分炊く。火を止めて8分ほど蒸らす。

7 4のえびをのせ、ふたをして強火にかけ、温まったら火を止める。

応用編

具材と調味料をかえて、カレー味にしてもおいしい！ 作り方は74ページに。

春 月 Monday

春が旬の野菜や魚で季節感たっぷり

スナップえんどうと焼き豚のサラダ
ゆでキャベツの桜あんかけ
さわらの塩麹づけ焼き

調理の手順 → 野菜の下ごしらえをし、ゆでる → 副菜のドレッシングとあんを作る → 主菜を作る → 副菜を仕上げる

市販の焼き豚とたれを使って
スナップえんどうと焼き豚のサラダ 〈副菜1〉

材料（4人分）
スナップえんどう … 16本
焼き豚（薄切り）… 70g
ドレッシング
　焼き豚のたれ、サラダ油、
　麻の実* … 各大さじ1
塩 … 適量

作り方
1 スナップえんどうは筋をとり、塩ゆでする。
2 1を斜め半分に切り、焼き豚は1cm幅に切る。
3 ボウルに焼き豚のたれ、サラダ油、麻の実を入れて混ぜ合わせ、ドレッシングを作る。2を加えてあえる。
4 器に盛り、好みで麻の実適量（分量外）をふる。

＊麻の実がなければ、ごまや砕いたピーナッツなどで代用しても。

野菜はまとめてゆでて時短
ゆでキャベツの桜あんかけ 〈副菜2〉

材料（4人分）
春キャベツ … ¼個（200g）
干し桜えび … 10g
A｜だし汁（濃いめ・14ページ）
　　… カップ2
　｜みりん … 大さじ2
　｜酒、薄口しょうゆ … 各小さじ4
酒 … 大さじ1
塩 … 適量
顆粒片栗粉 … 大さじ1
練りがらし、木の芽 … 各適量

作り方
1 干しえびに酒をふる。
2 キャベツはざく切りにして塩ゆでし、ざるに上げて冷まし、器に盛る。
3 鍋に1とAを入れて火にかけ、煮立ったら火を止める。
4 片栗粉を3にふり入れ、混ぜながら再び加熱する。とろみがついたら塩で調味し、2にかける。練りがらしと木の芽をのせる。

日曜日に仕込んだ魚で
さわらの塩麹づけ焼き 〈主菜〉

材料（4人分）
さわらの塩麹づけ（18ページ）
　… 4切れ
甘長唐辛子 … 6本
しいたけ … 8個
塩麹 … 大さじ3

作り方
1 甘長唐辛子は斜め半分に切って種をとり、内側に塩麹を塗る。しいたけは石づきをとり、かさの内側に塩麹を塗る。
2 さわらは塩麹と余分な水分をぬぐいとり、魚焼きグリルで焼く。途中で1を加えて一緒に焼き上げる。

とろみづけに使用する片栗粉は、水で溶かずに使える顆粒タイプを使用。

Point!
副菜1と2の野菜は同じ鍋で一緒に塩ゆですると効率的。ゆで時間の短いキャベツは後から加え、同時にゆで上げる。

春 月曜日の献立

スナップえんどうと焼き豚のサラダ

ゆでキャベツの桜あんかけ

さわらの塩麹づけ焼き

春 火 Tuesday

市販品や作り置きを活用して色鮮やかに

さんま缶ときゅうりのサラダ
コーンクリームスープ
アスパラガスの牛肉巻き焼き

おいしい缶詰と野菜で
さんま缶ときゅうりのサラダ 副菜1

材料（4人分）
- さんま（缶詰）*1 … 1缶（固形量70g）
- きゅうり … 3本
- レモン*2 … 1個
- 塩 … 適量

作り方
1. さんまは身と缶汁に分け、缶汁は大さじ2をとっておく。
2. レモンは丸ごと熱湯にくぐらせ、半分はいちょう切りにし、残り半分は絞ってレモン汁大さじ1½をとる。
3. ボウルに缶汁とレモン汁を入れてよく混ぜる。
4. きゅうりは縦半分に切って斜め薄切りにし、塩少々をふり、水けをふいて3に加える。さんまの身とレモンのいちょう切りを加えてあえ、塩で味を調える。

*1 さんま（缶詰）は好みのものを。ここでは洋風の「イタリアンなサンマ」を使用（14ページ）。
*2 レモンは皮も食べるので、国産のものを選ぶ。

ベーコンを炒めてよい風味をつけて
コーンクリームスープ 副菜2

材料（4人分）
- クリームコーン（缶詰）… 300g
- さやいんげん … 8本
- 玉ねぎ … ½個
- ベーコン（薄切り）… 80g
- 牛乳 … カップ1½
- 固形ブイヨン … 1½個
- サラダ油 … 大さじ½
- 塩 … 適量

作り方
1. さやいんげんは塩ゆでし、小口切りにする。
2. 玉ねぎは3cm長さの薄切りにする。
3. ベーコンは2～3cm角に切る。
4. 鍋にサラダ油を熱してベーコンを炒め、ベーコンから脂が出てきたら玉ねぎを加えて炒める。
5. コーンと牛乳、ブイヨンを砕いて加え、一煮立ちさせる。さやいんげんを加え、塩少々で調味する。

| 調理の手順 | → 缶詰や野菜の下ごしらえをする | → 副菜2を作る | → 主菜を作る | → 副菜1を作る |

春 火曜日の献立

作り置きのピクルスを使えば簡単

アスパラガスの牛肉巻き焼き　主菜

材料（4人分）
- 牛薄切り肉…12枚（400g）
- グリーンアスパラガス…3本
- 赤ピーマンのピクルス（9ページ）…6個分
- 片栗粉…適量
- 甘酢ソース
  - 白ワイン…大さじ2
  - 水…50ml
  - はちみつ…20g
  - 赤ピーマンのピクルスのつけ汁…60ml
  - 昆布にんにくしょうゆ（10ページ）…小さじ2
  - 塩、こしょう…各少々
- 顆粒片栗粉（22ページ）…適量
- ファルファッレ*…100g
- パセリのみじん切り…大さじ1
- 塩、こしょう、サラダ油…各適量

作り方
1. アスパラガスははかまをとり、長さを半分に切る。
2. ファルファッレはざるに入れて表示時間通りに塩ゆでし、ゆで上がったら塩、サラダ油各少々とパセリを混ぜる。途中、1を鍋に加えてゆで、ざるにとる。
3. 牛肉は両面に塩、こしょう、片栗粉各少々をふり、ピーマンの長さに合わせて2枚ずつ組み合わせ、縦長に置く。ピクルスとアスパラを等分にしてのせ、手前から巻いてとじ目に片栗粉をふってとじる。
4. フライパンにサラダ油大さじ1を熱し、3のとじ目を下にして入れ、全体に焼き色をつけて焼く。
5. 4に甘酢ソースの白ワインを加えて少し煮詰める。分量の水を加えてふたをし、蒸し焼きにして中まで火を通し、牛肉巻きをとり出す。
6. 5にはちみつを加えて炒め、ピクルスのつけ汁を加えて半量に煮詰め、残りのソースの材料を加える。火を止めて顆粒片栗粉をふり入れ、混ぜながら再び火にかけて煮立て、とろみをつける。
7. 6の甘酢ソースを器に敷き、牛肉巻きを食べやすく切ってのせ、2のパスタを添える。

*ファルファッレは蝶の形をしたショートパスタ。マカロニなど、ほかの好みのパスタにしても。

アスパラガスとファルファッレは同じ鍋で時間差で入れて一緒にゆでると効率的。

牛肉はすき間なくしっかり巻くと焼き上がりがきれい。

春 水 Wednesday

手軽に作れる本格中華メニュー！
せん切り野菜とくらげのサラダ
豆苗とじゃこのピーナッツあえ
酢豚

野菜とくらげの歯ごたえを楽しめる　副菜1
せん切り野菜とくらげのサラダ

材料（4人分）
くらげ（塩抜き済みのもの）…80g
大根、にんじん…各8cm
きゅうり…1本
塩…少々
いり白ごま…大さじ1
A｜昆布にんにくしょうゆ（10ページ）…大さじ3
　｜ごま油…大さじ1½
　｜粒マスタード…小さじ2
　｜砂糖、中華スープの素（ペースト）…各小さじ1

作り方
1 大根、にんじん、きゅうりは4cm長さのせん切りにし（スライサーを使うとよい）、塩をふる。
2 くらげは洗って水けをきり、食べやすい長さに切る。
3 1の水けをきって2と合わせ、器に盛ってごまをふる。
4 Aを混ぜ合わせて3に添える。

こくのあるピーナッツ味が新鮮！　副菜2
豆苗とじゃこのピーナッツあえ

材料（4人分）
豆苗（トウミャオ）…1パック
ちりめんじゃこ…20g
A｜無糖ピーナッツバター…大さじ2
　｜めんつゆ…大さじ1⅔
ピーナッツ…適量
塩…適量

作り方
1 ボウルにAを入れて混ぜ合わせる。
2 鍋に湯を沸かし、ちりめんじゃこをざるに入れて湯通しし、湯をきって1に加える。
3 豆苗は根を切り、2〜3cm長さに刻み、2の鍋で塩ゆでする。水にとって水けをきり、2に加えてあえ、塩少々で調味する。
4 器に盛り、ピーナッツを刻んで散らす。

| 調理の手順 | → | 主菜の酢豚の下ごしらえをする | → | 副菜1を作る | → | 副菜2を作る | → | 主菜を作る |

春 水曜日の献立

作り置きの彩り野菜で凝った料理もらくらく

酢豚 主菜

材料（4人分）

豚肉（酢豚用）…300g
A 紹興酒…大さじ1
　 昆布にんにくしょうゆ（10ページ）
　 　…大さじ1
小麦粉…適量
彩り野菜（洋・8ページ）…300g
しょうがのせん切り…1かけ分
中華スープの素（ペースト）…大さじ1
熱湯…50ml
B 紹興酒…50ml
　 砂糖…大さじ3
　 酢…大さじ2½
　 トマトケチャップ…大さじ2
　 昆布にんにくしょうゆ（10ページ）
　 　…大さじ1
サラダ油、顆粒片栗粉（22ページ）
　…各大さじ2

作り方

1 彩り野菜は半解凍する。
2 豚肉はAをまぶして5分ほどおく。
3 スープの素は分量の熱湯で溶き、Bを加えて混ぜる。
4 2の汁けをきって小麦粉をまぶす。
5 フライパンにサラダ油大さじ1を熱して4を入れ、表面に焼き色がつくまで焼く。水大さじ3を加えてふたをし、蒸し焼きにして中まで火を通し、いったんとり出す。
6 5のフライパンに残りのサラダ油を入れて熱し、しょうがと1を炒める。3を注いで2～3分煮、豚肉を戻し入れる。いったん火を止め、片栗粉をふり入れて混ぜながら煮立て、とろみをつける。

余裕があれば、豚肉に卵白1個分を軽く泡立ててつけてから焼くと、よりふんわりおいしくなる。

春 木 Thursday

春らしさ満点の和風献立
新玉ねぎの巣ごもりサラダ
竹の子ご飯
めばるの煮つけ

調理の手順 → 主食の米を洗い、昆布を水にひたす → 副菜、主食の下ごしらえをする → 主食、主菜を作る → 副菜を作る

みずみずしい新玉ねぎで
新玉ねぎの巣ごもりサラダ 〈副菜〉

材料（4人分）
新玉ねぎ … 1個
水菜の葉＊ … 1束分
スプラウト … 1パック
温泉卵 … 4個
赤じそふりかけ … 小さじ1
A｜ポン酢しょうゆ … 大さじ4
　｜サラダ油 … 大さじ2
塩 … 適量

作り方
1 新玉ねぎは繊維に沿って薄切りにし、塩水にさらし、水けをきって冷蔵庫に入れる。
2 水菜は3cm長さ、スプラウトは1.5cm長さに切る。
3 ボウルに1、2を合わせ、赤じそふりかけを加えて混ぜ合わせる。
4 器に3を盛って温泉卵をのせ、Aを混ぜ合わせて添える。

＊水菜は株の上半分の葉を使う。残った茎は翌日の「あさりの白ワイン蒸し（30ページ）」で使用。

春のうちに一度は食べたい
竹の子ご飯 〈主食〉

材料（4人分）
米 … 2合
ゆで竹の子 … 160g
鶏もも肉（皮なし） … 150g
A｜薄口しょうゆ … 大さじ2 1/2
　｜酒 … 大さじ3
　｜みりん … 大さじ1
　｜塩 … 小さじ1/5
水 … 350ml
昆布 … 10cm角1枚
木の芽 … 適量

作り方
1 米は洗ってざるに上げ、30分ほどおく。昆布は分量の水に入れて10〜20分おく。
2 竹の子は3mm厚さの一口大に切り、鶏肉は1.5cm角に切る。
3 Aに竹の子を10分ほどつけ、ざるに上げる。残りの汁に鶏肉をつける。
4 炊飯器に1、鶏肉をつけ汁ごと入れ、かるく混ぜ合わせて炊く。スイッチが切れたら竹の子を加え、再びスイッチを入れる。
5 炊き上がったら全体を混ぜ合わせて器に盛り、木の芽を飾る。

一尾魚なら簡単で豪華！
めばるの煮つけ 〈主菜〉

材料（4人分）
めばる … 4尾
ふきの水煮（市販） … 1袋
A｜酒、みりん … 各50ml
　｜薄口しょうゆ … 60ml
　｜砂糖 … 大さじ2
　｜水 … カップ1
たまりじょうゆ、みりん … 各適宜

作り方
1 めばるはさっと洗って水けをふき、頭を左に置いて上面の身に切り目を1本入れる。
2 ふきは5cm長さに切る。
3 鍋にAを入れて煮立て、1を並べ入れる。オーブンシートを落としぶたにしてのせ、中火で6〜7分煮る。
4 落としぶたをとって2を加え、めばるに煮汁をかけながら2〜3分煮る。好みでたまりじょうゆとみりんをまわしかけて煮上げる。

Point! 一尾魚はうろこやわたをとったものを購入すれば、調理はとても簡単。短時間ででき上がるのでぜひチャレンジを！　めばるが手に入らなければ、いさきやかれいで代用可。

オーブンシートを鍋の大きさに合わせて切り、真ん中に1ヵ所穴をあけて落としぶたにする。

新玉ねぎの巣ごもりサラダ

竹の子ご飯

めばるの煮つけ

春　木曜日の献立

春 金 Friday

おいしい魚介をたっぷり味わって！

夏みかんサラダ
あさりの白ワイン蒸し
すずきのソテー

この時季においしい果物で
夏みかんサラダ　副菜1

材料（4人分）

夏みかん … 1個
木綿豆腐 … 200g
レーズン … 30g
A ｜ ジェノベーゼソース（20ページ）… 大さじ4
　｜ オリーブ油、サラダ油 … 各大さじ1
　｜ 塩 … 少々
サラダ菜 … 1個

作り方

1 鍋に湯を沸かして豆腐をさっとゆで、水けをきって一口大に切る。
2 レーズンは1の湯で湯通しし、水けをきる。
3 夏みかんは皮と薄皮をむき、食べやすい大きさに切る。ボウルに入れ、1、2と合わせる。
4 別のボウルにAを入れて混ぜ合わせる。
5 器にサラダ菜を敷いて3を盛り、4をかける。

貝のうまみたっぷりの一品
あさりの白ワイン蒸し　副菜2

材料（4人分）

あさり（殻つき・砂抜き）… 700g
水菜の茎* … 1束分
にんにくの薄切り … 2かけ分
オリーブ油 … 大さじ2
白ワイン … 180ml
レモンのいちょう切り … 1/2個分
塩 … 適宜

作り方

1 あさりは水に30分ほどつけ、水けをきる。
2 水菜の茎は1cm長さに切る。
3 鍋にオリーブ油を熱し、にんにくがきつね色になるまで炒める。火を止めて油ごととり出す。
4 3の鍋に白ワインを入れて半量まで煮詰め、あさりを加え、ふたをして蒸し煮にする。あさりの口が開いたら汁を残して器に盛る。
5 残った汁は塩か湯を加えて味を調え、2を加えてさっと煮、4の器に盛る。3をかけ、レモンを散らす。

*28ページで使用した水菜の株の下半分を使う。

| 調理の手順 | → | 副菜2のあさりを水につける | → | 野菜類の下ごしらえをする | → | 副菜1を作る | → | 主菜を作る | → | 副菜2を作る |

春 金曜日の献立

上品な白身魚をこくのあるトマトソースで

すずきのソテー 主菜

材料（4人分）

- すずき … 4切れ
- ブロッコリー … 1/2個
- しいたけ … 4個
- A 顆粒フュメドポワソン（14ページ） … 8g
  　熱湯 … 大さじ2
- B トマトソース（市販） … 80g
  　トマトペースト（市販） … 大さじ1
- 白ワイン … 100ml
- こしょう、砂糖 … 各少々
- 塩、片栗粉 … 各適量
- オリーブ油 … 大さじ2

作り方

1 ブロッコリーは小房に分け、塩ゆでする。しいたけは軸をとり除く。

2 すずきに塩、こしょう各少々をふり、片栗粉を全体にまぶす。

3 Aは混ぜ合わせて溶かす。

4 フライパンにオリーブ油を熱し、すずきを皮目から焼く。あいたところでしいたけを焼き、しいたけは焼けたらとり出す。

5 すずきの上下を返し、白ワイン40mlとブロッコリーを加え、ふたをして蒸し焼きにする。火が通ったらとり出す。

6 5のフライパンに残りの白ワインを入れて半量まで煮詰め、火を止めて3とBを加え、2〜3分煮る。塩、砂糖各少々で味を調える。

7 器にすずき、ブロッコリー、しいたけを盛り、6のソースをかける。

春 土 Saturday

カラフル野菜で目にもごちそう

春夏野菜のサラダ
わかめと絹さやのペンネ
チキンクリームシチュー

残りがちな野菜を一気に消費
春夏野菜のサラダ　副菜

材料（4人分）

- A オクラ … 6本
  - スナップえんどう … 12本
  - 万願寺唐辛子 … 2本
  - キャベツ … ¼個
- ミニトマト … 8個
- ライムのくし形切り … 4切れ
- 塩 … 適量
- B カスピ海ヨーグルト … 100g
  - メープルシロップ … 大さじ1
  - 塩 … 小さじ1½
  - ライム汁 … 小さじ½
  - ミントのみじん切り … 小さじ½

作り方

1. Aはそれぞれ塩ゆでして食べやすく切り、ミニトマトとライムとともに器に盛る。
2. Bを混ぜ合わせてソースを作り、1に添える。

味つけは市販のわかめスープで
わかめと絹さやのペンネ　主食

材料（4人分）

- ペンネ … 200g
- 絹さや … 10本
- オリーブ油 … 小さじ2
- A わかめスープの素（市販） … 2袋
  - 熱湯 … カップ1
- 塩 … 適量

作り方

1. 絹さやは筋をとる。
2. 大きめの鍋に湯を沸かして塩を加え（水1ℓに対して塩小さじ2）、ペンネを表示時間通りにゆで、ざるに上げてオリーブ油をふる。
3. 2の鍋で1をゆで、斜めに細く切る。
4. 大きめのボウルにAを入れて溶かし、2、3を加えてあえ、味をみて塩や湯で味を調える。

Point!
大きめの鍋に湯をたっぷり沸かし、副菜の野菜、主食のペンネ、絹さやを同じ鍋でゆでると効率的。

| 調理の手順 | → | 主菜の彩り野菜を半解凍する | → | ペンネと野菜類をゆでる | → | 主菜を作る | → | 副菜のソースを作る | → | 副菜、主食を仕上げる |

春　土曜日の献立

彩り野菜とルウでパパッと調理
チキンクリームシチュー

主菜

材料（4人分）

- 手羽元 … 8本
- 彩り野菜（洋・8ページ）… 300g
- じゃが芋 … 1個
- クリームシチューのルウ … 4皿分（75g）
- A ┃ 牛乳 … 250ml
  　┃ 水 … カップ2
- サラダ油 … 大さじ2
- 塩、こしょう … 各少々

作り方

1. 彩り野菜は半解凍する。
2. じゃが芋は一口大に切り、手羽元は塩、こしょうをふる。
3. 鍋にサラダ油を熱して手羽元を焼き、じゃが芋を加えてさっと炒める。Aを加えてじゃが芋がやわらかくなるまで煮る。
4. いったん火を止めてルウを加えて混ぜ、1を加えて火にかけ、全体が温まるまで煮る。

市販のルウやインスタント食品は時短調理の大きな味方。クリームシチューに使用したのは「クレアおばさんのクリームシチュー」（江崎グリコ）。

まるで炊きたてみたいなおいしさ!
ご飯の冷凍&解凍のコツ

忙しいと、毎回ご飯を炊く余裕がなく、まとめて炊いて冷凍保存という方が多いはず。
かくいう私も、冷凍ご飯派です。ただ、単に冷凍してレンジで温めるだけだと味はいまひとつ。
"家族においしいご飯を出したい" と私が試行錯誤していきついた、ご飯をおいしく冷凍&解凍する
コツをお教えします。

1 必ず炊きたてをパック

ご飯は、炊き上がってから時間がたつほどに味が落ちていきますので、保存する
なら炊きたてが鉄則。冷蔵すると風味が悪くなるので、必ず保存は冷凍で。

2 1食分ずつ きちんと量って冷凍

ご飯は、1人分・1食分ずつラップに包んで冷凍。計量は面倒に見えますが、目分量でやるより実はらく。量が決まっていると加熱時間が一定になり、おいしく仕上がります。夫婦2人の我が家は1つ100g前後。娘の家では大人用の120gと、7歳の子ども用に80gのものも作るそうです。

3 一手間かけて ふんわり加熱

ご飯をラップのまま最後まで加熱すると、ラップのにおいがつきますよね。私は、まずそのまま1分ほど加熱して半解凍にし、ご飯をほぐれやすくしてからラップをはずして茶碗に移し、水を少しふりかけて、再びレンジにかけてしっかり温めます。こうすると固まらず、ふんわり炊きたての味に近づきます。

ちょっとした手間が大切　冷凍保存&解凍のポイント!

ご飯は必ず計量し、小分けにして冷凍。食べたいときに食べたい分だけ解凍すればよく、加熱時間もいつも一定になる。

計量したら、平らにならして包む。平らだと収納しやすく、加熱時に均一に熱が通りやすい。米粒がつぶれないように注意を。

半解凍したご飯をほぐして茶碗に移し、水大さじ1～2をふる。ラップをふんわりかけて、再びレンジ加熱して熱々に。

完全に温まったら、スプーンなどでご飯をほぐしてふんわりさせ、テーブルへ。

2章

夏の食事作り

暑い夏は、火を使う料理はつい敬遠したくなりますね。
なるべく効率よく、楽しく調理できる献立にしましょう。
食材が傷みやすい時期のため、
いつも以上に保存や加熱をしっかりと。

Summer

Sunday
Monday
Tuesday
Wednesday
Thursday
Friday
Saturday

夏の献立 1 週間

暑いのであっさりしたもの、冷たいものが好まれますが、
パンチのあるカレーも夏の味。家族が夏バテしないよう、牛肉や豚肉など
栄養があるものもしっかり食べてもらいましょう。

日 肉、魚、野菜が揃ったボリューム献立
- かつおのたたきサラダ
- なす田楽
- 冷やししゃぶしゃぶ

月 盛りつけも楽しく華やかな食卓に
- 帆立てとえびのマリネサラダ
- そうめんパスタのトマトソース
- 舌びらめのムニエル

火 市販品や作り置きを上手に活用！
- オクラの納豆あえ
- あなごとピクルスの南蛮漬け風
- 筑前煮

→

→

→

買い物メモ1　日曜日分

〈野菜・果物など〉
- 玉ねぎ 1/2個
- なす 3本
- 枝豆 100g
- もやし 1袋
- しし唐 8本
- オクラ 8個
- モロッコいんげん 4本
- 絹さや ★ 12枚
- グリーンアスパラガス 12本
- フルーツトマト 7個
- かぼちゃ(薄切り) 8切れ
- ゆで竹の子 150g
- みょうが 2個
- 大葉 10枚
- ベビーリーフ 1/2袋
- 万能ねぎ
- パセリ
- イタリアンパセリ ★
- フリルレタス ★
- サラダ菜 ★
- 大和芋 120g
- すだち 2個
- レモン 2個

彩り野菜・和
- ごぼう 25cm×6本
- にんじん 大2本
- れんこん 1節
- かぶ 2個
- さやいんげん 12本

赤ピーマンのピクルス
- 赤ピーマン 10個
- りんごジュース カップ1/2
- ローリエ
- クローブ
- 白こしょう(ホール)
- 白ワインビネガー

昆布にんにくしょうゆ ★
- にんにく 1玉
- 昆布 5cm角 3枚
- 薄口しょうゆ カップ1
- しょうゆ カップ1

〈魚介〉
- かつおのたたき 300g
- 舌びらめ 4切れ
- 帆立て貝柱 8個
- あなごのかば焼き 1尾

〈肉〉
- 牛しゃぶしゃぶ用肉 300g
- 鶏もも肉 250g
- 豚しょうが焼き用肉 8枚
- 生ハム 8枚

〈卵・牛乳・豆腐など〉
- 卵 2個
- ピザ用チーズ 20g
- バター 20g+大さじ1
- 焼き豆腐 1丁
- 納豆(たれつき) 2パック
- 赤こんにゃく ★ 300g (こんにゃく)
- こんにゃく 150g

〈缶詰・冷凍食品〉
- 冷凍えび(無頭) 16尾
- ホールコーン(缶詰) 200g
- 赤貝しょうゆ煮(缶詰) 1缶
- 冷凍かぼちゃ 300g

〈乾物・加工品・その他〉
- 粒うに(瓶詰) 20g
- ワイン入りらっきょう漬け ★ (らっきょう漬け) 80g
- しば漬け 15g
- スプーンかずのこ ★ 1瓶
- 実山椒の塩煮
- 塩昆布(細切り)
- 昆布
- 刻みのり
- そうめん 6束
- パン粉
- 顆粒片栗粉
- アーモンドダイス ★ 小さじ2
- カシューナッツ ★ 10g
- キドニービーンズ水煮 50g

〈調味料・スパイス〉
- 肉みそ炒めの素 2袋
- カレールウ 4皿分
- 薄口しょうゆ
- ポン酢しょうゆ
- ナンプラー
- めんつゆ
- 三温糖
- 白みそ
- だしパック
- かつお濃縮だし
- 中華スープの素(ペースト)
- 顆粒フュメドポワソン
- 固形ブイヨン
- 赤ワインビネガー
- オリーブ油
- ごま油
- 太白ごま油
- マヨネーズ
- トマトソース
- オイスターソース
- はちみつ
- アンチョビペースト
- 練りわさび
- 赤唐辛子
- ローリエ
- 白ワイン
- 紹興酒 ★
- 無糖ピーナッツバター

★は、余裕があれば購入（盛りつけの飾り用の食材、代用可能な調味料など）

夏 夏の献立1週間

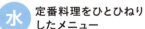 水 定番料理をひとひねりしたメニュー
- コーンと豆のサラダ
- アスパラガスのうにソース焼き
- さっぱりポークカツレツ

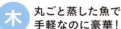 木 丸ごと蒸した魚で手軽なのに豪華！
- 鯛の中華風サラダ
- かぼちゃのスープ
- 一尾魚の香味蒸し

 金 簡単料理も一工夫でおいしく！
- 変わり冷や奴
- 塩ゆでそら豆
- 牛肉となすのみそ炒め

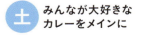 土 みんなが大好きなカレーをメインに
- たことらっきょうのカルパッチョ
- スクランブルドエッグ
- シーフードカレー

買い物メモ2　木曜日分

〈野菜・果物など〉
- 大根　160g
- サラダほうれんそう★
- ピーマン(緑)　5個
- ピーマン(赤)　1個
- もやし　1/2袋
- 貝割れ菜　1/4パック
- そら豆　15本
- なす　3本
- 玉ねぎ　1個
- オクラ　8本
- みょうが　2個
- にんにく　1かけ
- しょうが　1かけ
- 万能ねぎ★
- 香菜★
- パセリ★
- ディル★
- しいたけ　4個
- すだち　1個

〈魚介〉
- 鯛(刺身用)　150g
- まぐろ(刺身用)　200g
- ゆでだこ(刺身用)　160g
- いさき　1尾
- 鯛　2切れ
- えび　大8尾
- 帆立て貝柱　4個

〈肉〉
- 牛焼き肉用肉　300g
- ハム　4枚

〈卵・牛乳・豆腐など〉
- 卵　3個
- 牛乳　カップ1/2＋大さじ2
- 生クリーム　大さじ2
- 絹ごし豆腐　300g

夏 日曜日にする下準備はこちら

昆布にんにくしょうゆは当日すぐ使うので、帰宅したらすぐ作りましょう。
赤ピーマンのピクルスは、中身もつけ汁もそのまま料理に使えます。
ほんのひと手間の準備をしておくと、調理がぐっとらくになりますよ。

買い物の後にすぐしておくことは……

 昆布にんにくしょうゆを作る →日曜日に使う

材料と作り方は10ページ

 帆立て貝柱に塩をふる →月曜日に使う

材料（4人分）

帆立て貝柱 … 8個
塩 … 少々

作り方

1 帆立て貝柱は全体に塩をふる。
2 1を清潔なふたつきのバットなどに並べ入れ、冷蔵庫で保存する。

 赤ピーマンのピクルスを作る →火曜日に使う

材料と作り方は9ページ

 煮きり酒を作る →木曜日に使う

材料と作り方は11ページ

日曜日の献立

肉、魚、野菜が揃ったボリューム献立

かつおのたたきサラダ
なす田楽
冷やししゃぶしゃぶ

夏 日曜日の献立と下準備

なす田楽
かつおのたたきサラダ
冷やししゃぶしゃぶ

夏 Sunday

| 調理の手順 | → 副菜1の野菜の下ごしらえをする | → 副菜2、主菜のソースを作る |

市販のたたきを使って
かつおのたたきサラダ　副菜1

材料（4人分）

- かつおのたたき … 300g
- 玉ねぎ … ½個
- みょうが … 2個
- 大葉 … 10枚
- すだちの輪切り … 1個分
- 万能ねぎの小口切り … 大さじ2
- 昆布にんにくしょうゆ（10ページ）… 大さじ2
- マヨネーズ … 適量

作り方

1. 玉ねぎは繊維に沿って薄切りにし、水にさらして水けをきる。みょうがはせん切りにして玉ねぎと合わせる。
2. 器に大葉を敷いて1をのせる。
3. かつおを食べやすい厚さに切り、昆布にんにくしょうゆをつけて2に盛りつける。マヨネーズを絞りかけ、万能ねぎを散らし、すだちを添える。

じっくり焼いておいしさを引き出す
なす田楽　副菜2

材料（4人分）

- なす … 3本
- A
  - 白みそ … 70g
  - 砂糖 … 20g
  - 酒 … 40ml
- かつお濃縮だし（14ページ）… 小さじ2
- 卵黄 … 1個分
- 実山椒の塩煮 … 適量
- 太白ごま油 … 大さじ2
- 枝豆 … 100g
- 塩 … 適量

作り方

1. 小鍋にAを入れて混ぜ、火にかけて混ぜながら水分をとばす。とろとろになったらかつお濃縮だしを加え、さらに1〜2分混ぜながら火を入れる。火を止め、卵黄を加えて素早く混ぜ合わせ、ソースを作る。
2. 枝豆は塩小さじ2をふってもみ、洗って水けをきる。たっぷりの湯で塩ゆでする。
3. なすは縦半分に切り、皮目に格子状に切り目を入れ、さらに縦半分に切る。水にさらし、水けをふく。
4. フライパンに太白ごま油を熱し、3を皮目から焼く。全体が焼けたら器に盛り、1をかけ、実山椒をのせて2を添える。

→ 湯を沸かして副菜2の枝豆をゆでる → 主菜、副菜2を作る → 副菜1を作る

夏 / 日曜日の献立

鍋一つでゆでて、肉のうまみを他の材料にも

冷やししゃぶしゃぶ 〔主菜〕

材料（4人分）
- 牛しゃぶしゃぶ用肉…300g
- 焼き豆腐…1丁
- 赤こんにゃく*…300g
- しし唐…8本
- もやし…1袋
- 昆布…10cm角1枚
- 塩…適量
- ピーナッツソース
  - 無糖ピーナッツバター…大さじ3
  - ポン酢しょうゆ…大さじ4½
  - 砂糖…小さじ½

*赤こんにゃくは滋賀県の郷土食材。普通のこんにゃくでもOK。

作り方
1. ピーナッツソースの材料を混ぜ合わせる。
2. 豆腐とこんにゃくは食べやすい大きさに切り、しし唐は先端に切り込みを入れる。
3. 鍋に昆布と水を入れて沸かし、塩（水1ℓに対して塩小さじ1）を加え、牛肉をゆで、火が通ったらざるにとる。
4. 3の湯のあくをとり除き、2、もやしを順に入れて火を通す。それぞれざるに上げて冷ます。
5. 4を器に盛り、1を添える。

応用編

ピーナッツソースの代わりに黒ごまソースでも。練り黒ごま、カスピ海ヨーグルト各大さじ3、ポン酢しょうゆ大さじ1、薄口しょうゆ小さじ1、砂糖小さじ½、塩少々を混ぜ合わせる。

 Point!

牛肉をゆで終えたら、あくは鍋底からすくって丁寧にとり除き、その他の材料をゆでる。

夏

Monday 月

盛りつけも楽しく華やかな食卓に

帆立てとえびのマリネサラダ
そうめんパスタのトマトソース
舌びらめのムニエル

副菜

さわやかな酸味のドレッシングで
帆立てとえびのマリネサラダ

材料（4人分）

帆立て貝柱（38ページ）… 8個
冷凍えび（無頭）… 16尾
フリルレタス … 適量
A　すだちの絞り汁 … 大さじ4
　　塩、はちみつ … 各小さじ1
サラダ油 … 大さじ2
塩 … 適量

作り方

1. ボウルにAを入れ、泡立て器で混ぜながらサラダ油を少しずつ加え、ドレッシングを作る。
2. 帆立てとえびは塩ゆでし、帆立ては食べやすく切り、えびは殻をむいて背わたをとる。
3. 1のボウルに2を入れてあえ、フリルレタスを敷いた器に盛る。

主食

ゆで時間が短いからすぐできる！
そうめんパスタのトマトソース

材料（4人分）

そうめん … 6束（300g）
A　オリーブ油 … 大さじ1
　　赤唐辛子の小口切り … 小さじ1
　　塩 … 少々
フルーツトマト … 3個
トマトソース
　トマトソース（市販）… カップ1
　固形ブイヨン … 2個
　そうめんのゆで汁 … 大さじ2
イタリアンパセリ … 適量

作り方

1. そうめんは表示時間通りにゆで、冷水にとって冷まし、ざるに上げて水けをきる。ゆで汁はソース用に分量をとり分ける。そうめんをボウルに入れてAをまぶす。
2. 小鍋にトマトソースの材料を入れて2～3分煮、冷ます。
3. フルーツトマトは薄い輪切りにする。
4. 1のボウルに2を加えてあえ、器に盛る。3を添え、イタリアンパセリを飾る。

| 調理の手順 | → | 副菜を作る | → | 主食のそうめんをゆで、トマトソースを作る | → | 主菜を作る | → | 主食を仕上げる |

夏

月曜日の献立

夏においしい白身魚で
舌びらめのムニエル   主菜

材料（4人分）
舌びらめ … 4切れ
　塩、こしょう … 各少々
小麦粉 … 適量
サラダ油 … 大さじ4
白ワイン … 80ml
A｜顆粒フュメドポワソン
　　（14ページ）… 小さじ1½
　｜熱湯 … 大さじ2
　｜アンチョビペースト … 小さじ1½
顆粒片栗粉（22ページ）… 少々
かぼちゃの薄切り … 8切れ
モロッコいんげん … 4本
レモンの半月切り … 4枚

作り方
1. 舌びらめは塩、こしょう、小麦粉をふる。
2. フライパンにサラダ油大さじ2を熱し、1を色が濃い皮の面から焼く。焼き色がついたら返して焼く。
3. 2の途中で残りのサラダ油を足し、あいているところにかぼちゃとモロッコいんげんを加え、ふたをして焼く。火が通った順にとり出す。
4. 3のフライパンに白ワインを入れて少し煮詰め、Aを混ぜ合わせて加える。沸騰したら火を止め、顆粒片栗粉をふり入れて火にかけ、とろみをつける。
5. モロッコいんげんは一口大に切り、舌びらめ、かぼちゃとともに器に盛り、レモンをのせて4のソースを添える。

Point!
魚と野菜は一つのフライパンで同時に焼く。洗い物を増やさないことも大切。

夏 火 Tuesday

市販品や作り置きを上手に活用！
オクラの納豆あえ
あなごとピクルスの南蛮漬け風
筑前煮

調理の手順 → 主菜を作る → 副菜2を作る → 副菜1を作る

ネバネバ素材で夏バテ予防
オクラの納豆あえ 　副菜1

材料（4人分）

オクラ … 8本
納豆 … 2パック（90g）
しば漬け … 15g
刻みのり … 適量
塩 … 適量
納豆に添付のたれ、練りがらし
　… 各適宜

作り方

1. オクラは塩ゆでし、小口切りにする。
2. しば漬けは粗く刻む。
3. ボウルに納豆、1、2を入れて混ぜ、たれとからしを好みで加えてあえる。
4. 器に盛り、刻みのりをのせる。

材料を合わせるだけで完成！
あなごとピクルスの南蛮漬け風 　副菜2

材料（4人分）

あなごのかば焼き … 1尾
赤ピーマンのピクルス（9ページ）
　… 4切れ
A｜ピクルスのつけ汁 … 60ml
　｜太白ごま油 … 大さじ2
　｜塩 … 少々
ピクルスのローリエ … 適宜

作り方

1. あなごは細切りにし、赤ピーマンのピクルスも同じ大きさに切る。
2. ボウルにAを入れて混ぜ合わせる。
3. 器に1を盛って2をかけ、好みでローリエを飾る。

彩り野菜を使うから煮込むのは短時間！
筑前煮 　主菜

材料（4人分）

鶏もも肉 … 250g
　塩 … 少々
彩り野菜（和・9ページ）… 400g
ゆで竹の子、こんにゃく … 各150g
サラダ油、砂糖 … 各大さじ2
A｜だし汁（濃いめ・14ページ）
　｜　… カップ1½
　｜酒 … 50ml
　｜みりん、薄口しょうゆ
　｜　… 各大さじ2
B｜しょうゆ … 適量
　｜砂糖 … 少々
絹さや（塩ゆでする）… 12枚

作り方

1. 彩り野菜は半解凍する。
2. 鶏肉は一口大に切って塩をふり、こんにゃくは切り込みを入れて一口大に、竹の子も一口大に切る。
3. 鍋にサラダ油を熱して鶏肉を炒め、残りの2を順に加えて炒める。1と砂糖を加えて混ぜ、Aを加え、落としぶたをしてあくをとりながら煮る。Bで味を調える。
4. 器に盛り、絹さやを飾る。

Point! 調味料は最初に砂糖を加えてまぶすと、少量でしっかり甘みがつく。また、こんにゃくはあく抜き済みのものを使うと時短に。

夏 火曜日の献立

オクラの納豆あえ

筑前煮

あなごとピクルスの南蛮漬け風

夏 水 Wednesday

定番料理をひとひねりしたメニュー
- コーンと豆のサラダ
- アスパラガスのうにソース焼き
- さっぱりポークカツレツ

買い置き可能な缶詰を利用して
コーンと豆のサラダ 副菜1

材料（4人分）
- ホールコーン（缶詰）… 200g
- キドニービーンズ水煮 … 50g
- 赤貝のしょうゆ煮（缶詰・14ページ）＊ … 1缶
  - 赤貝 … 50g
  - 缶汁 … 20ml
- 塩 … 少々
- サラダ菜 … 適量
- アーモンドダイス（ローストタイプ）… 小さじ2

作り方
1. コーン、キドニービーンズはざるに入れ、熱湯をまわしかける。
2. 1の水けをきってボウルに入れ、塩をふる。赤貝と缶汁を加えてあえる。
3. 器にサラダ菜を敷いて2を盛り、アーモンドダイスを散らす。

＊あさりのつくだ煮などで作っても。濃いめの味がついたものが合う。

大和芋でふわとろの食感！
アスパラガスのうにソース焼き 副菜2

材料（4人分）
- グリーンアスパラガス … 12本
- 大和芋 … 120g
- A
  - 粒うに（瓶詰・14ページ）… 20g
  - みりん … 小さじ½
  - マヨネーズ … 大さじ1
- 塩、サラダ油 … 各適量
- ピザ用チーズ … 20g

作り方
1. アスパラガスははかまをとり除いて10cm長さに切って塩ゆでする。ざるに上げて冷ます。
2. 大和芋をすりおろし、Aを加えて混ぜ、ソースを作る。
3. 耐熱皿にサラダ油を塗って1を盛り、2のソースをかけてチーズをのせる。オーブントースターに入れてきれいな焼き色がつくまで焼く。

Point! 長芋ではなく、程よい固さと粘りのある大和芋が最適。

| 調理の手順 | → | 主菜のマリネを作る | → | 副菜2のアスパラガスをゆでる | → | 副菜1を作る | → | 副菜2を作る | → | 主菜を作る |

夏 水曜日の献立

少量の油とバターで香ばしく揚げ焼きに
さっぱりポークカツレツ　主菜

材料（4人分）
豚しょうが焼き用肉、
　生ハム … 各8枚
フルーツトマト … 4個
A　赤ワインビネガー … 大さじ1
　　砂糖 … 小さじ1/2弱
　　塩 … 少々
　　オリーブ油 … 大さじ2
ベビーリーフ … 1/2袋
溶き卵 … 1個分
塩、こしょう、小麦粉、パン粉、
　オリーブ油 … 各適量
バター … 20g
パセリのみじん切り、
　レモンの半月切り … 各適量

作り方
1. ボウルにAを混ぜ合わせ、フルーツトマトをくし形に切って加え、マリネを作る。
2. ベビーリーフはオリーブ油少々をまぶす。
3. 豚肉を4枚広げ、溶き卵を塗って生ハムを2枚ずつ重ね、その上に溶き卵を塗り、残りの豚肉を1枚ずつ重ねる。塩、こしょう、小麦粉各少々をふり、溶き卵にくぐらせてパン粉をつける。
4. フライパンにオリーブ油大さじ3とバターを熱し、3を入れて中火で両面を焼く。
5. 器に4を盛り、1、2をのせ、1の残った汁をまわしかける。パセリをふり、レモンを添える。

Point!

肉は厚いカツ用ではなく、薄いしょうが焼き用を使うため、火の通りが早いうえ、食べやすい。間にうまみのある生ハムをはさんでおいしさもアップ。

夏

Thursday

丸ごと蒸した魚で手軽なのに豪華！

鯛の中華風サラダ
かぼちゃのスープ
一尾魚の香味蒸し

夏らしいさわやかなドレッシングで
鯛の中華風サラダ 〈副菜1〉

材料（4人分）
鯛（刺身用）… 150g
　塩 … 少々
大根 … 160g
カシューナッツ … 10g
A｜レモン汁、ごま油 … 各20ml
　｜昆布にんにくしょうゆ（10ページ）、煮きり酒
　｜（11ページ）、オイスターソース … 各小さじ1
　｜砂糖、塩 … 各少々
サラダほうれんそう、香菜（シャンツァイ） … 各適量

作り方

1. カシューナッツは粗く刻み、からいりする。
2. 大根はスライサーでせん切りにする。
3. 鯛を薄いそぎ切りにし、塩をふる。
4. ボウルにAを入れて混ぜ合わせる。
5. 器にサラダほうれんそうを敷き、2、3を盛り、1を散らして香菜を飾る。4のドレッシングを添える。

扱いやすい冷凍野菜を使って
かぼちゃのスープ 〈副菜2〉

材料（4人分）
冷凍かぼちゃ … 300g
中華スープの素（ペースト）… 小さじ2
熱湯 … カップ2
牛乳 … カップ1/2
塩、こしょう … 各少々
生クリーム … 大さじ2
パセリのみじん切り … 適量

作り方

1. かぼちゃは冷凍庫から出して少し解凍し、皮をとって1cm厚さに切る。
2. 鍋にスープの素と熱湯を入れて溶かし、1を加えて火にかける。かぼちゃが煮くずれるまで煮、牛乳を加えて一煮立ちさせ、塩、こしょうで調味する。
3. 器に盛り、生クリームをかけ、パセリをふる。

調理の手順 → 副菜2を作る → 主菜の魚の下ごしらえをする → 主菜の野菜類とたれを用意して蒸す → 副菜1を作る

夏　木曜日の献立

実は手軽な本格蒸し物
一尾魚の香味蒸し　主菜

材料（4人分）
- いさき … 1尾
- ピーマン（赤・緑）… 各1個
- しいたけ … 4個
- もやし … 1/2袋
- にんにく、しょうがの薄切り … 各1かけ分
- 塩 … 適量
- こしょう … 少々
- ごま油 … 小さじ2
- A
  - ナンプラー … 大さじ1 1/2
  - 三温糖、しょうゆ … 各大さじ1/2
  - 紹興酒 … 大さじ2
- 万能ねぎ … 適量
- すだち … 1個

作り方
1. いさきの皮目に切り目を入れ、塩、こしょう各少々をふり、ごま油をまぶす。
2. 耐熱の器かバットに1を入れ、にんにくとしょうがを上下に置き、蒸気の上がった蒸し器に入れ、10分ほど蒸す。
3. ピーマンは細切りにし、しいたけは軸をとって薄切りにする。
4. Aを混ぜ合わせてたれを作る。
5. 2をいったん取り出し、余分な水分をキッチンペーパーで吸いとる。魚の周囲に3、もやしをのせて塩少々をふり、4をまわしかける。
6. 5を再び蒸し器に入れて5分ほど蒸す。
7. 器に盛り、万能ねぎを斜め細切りにして添え、すだちを輪切りにしてのせる。

Point!

鍋に蒸し網を入れれば、蒸し器に早変わり。大きな蒸し器は不要です。

夏 金 Friday

簡単料理も一工夫でおいしく！

変わり冷や奴
塩ゆでそら豆
牛肉となすのみそ炒め

まぐろを加えてリッチに
変わり冷や奴　副菜1

材料（4人分）

絹ごし豆腐 … 300g
　塩 … 少々
まぐろ（刺身用）… 200g
めんつゆ（3倍濃縮タイプ）… 大さじ3
練りわさび … 適量
貝割れ菜 … ¼パック
みょうが … 2個
万能ねぎの小口切り … 適量

作り方

1　豆腐はかるく水きりし、2cm角に切り、塩をふる。
2　めんつゆ大さじ1½にわさびを溶き、まぐろを2cm角に切ってつける。
3　貝割れ菜は1.5cm長さに切り、みょうがはせん切りにする。
4　器に汁けをきった3、1、2を盛り、残りのめんつゆを同量の水で割ってまわしかけ、万能ねぎを散らす。

酒と塩でいってよりおいしく
塩ゆでそら豆　副菜2

材料（4人分）

そら豆 … 15本
塩 … 適量
酒 … 大さじ2

作り方

1　そら豆はさやからとり出し、黒い部分の反対側に浅く切り込みを入れる。
2　1を好みのかたさに塩ゆでし、ざるに上げる。
3　2の鍋の湯を捨て、酒と塩小さじ1を入れ、そら豆を加えてさっといる。

調理の手順 → 副菜1の豆腐を水きりし、まぐろをつける → 副菜2を作る → 副菜1を作る → 主菜を作る

夏　金曜日の献立

市販の調味料に＋α
牛肉となすのみそ炒め　主菜

材料（4人分）

牛焼き肉用肉 … 300g
　塩、こしょう … 各少々
なす … 3本
玉ねぎ … 1個
ピーマン … 4個
サラダ油 … 大さじ2
肉みそ炒めの素 … 2袋

作り方

1 牛肉は食べやすい大きさに切って塩、こしょうをふる。
2 なすはへたを除き、縦半分に切って皮目に切り目を入れ、2cm幅の斜め切りにする。玉ねぎとピーマンはなすと同じくらいの大きさに切る。
3 フライパンにサラダ油大さじ1を熱して1を焼き、いったんとり出す。
4 残りのサラダ油を足し、玉ねぎ、なす、ピーマンを順に加えて炒め、3を戻し入れ、肉みそ炒めの素を加えて炒め合わせる。

使用したのは「ごはんによくあう ごちうま なすの肉味噌炒めの素」（江崎グリコ）。具材をかえて作っても。

夏 土 Saturday

みんなが大好きなカレーをメインに

たことらっきょうのカルパッチョ
スクランブルドエッグ
シーフードカレー

相性ぴったりの組み合わせ 副菜1
たことらっきょうのカルパッチョ

材料（4人分）

ゆでだこ（刺身用）… 160g
　塩 … 少々
ワイン入りらっきょう漬け（14ページ）＊1 … 80g
A｜らっきょうの漬け汁 … 大さじ1 1/3
　｜オリーブ油 … 大さじ1
　｜塩 … 少々
ディル、スプーンかずのこ（バジル風味）＊2 … 各適宜

作り方

1 ボウルにAを混ぜ合わせてドレッシングを作る。
2 たこは薄切りにし、塩をふる。らっきょうは薄切りにする。
3 器に1を盛り、あればディルとスプーンかずのこを飾り、2を添える。

＊1 普通のらっきょうの甘酢漬けでもOK。

＊2「スプーンかずのこ（バジル風味）」（井原水産）は、ほぐした数の子を調味したもの。いか墨で着色してあり、見た目もキャビアのよう！

塩昆布が味の決め手
スクランブルドエッグ 副菜2

材料（4人分）

卵 … 3個
ハム … 4枚
牛乳 … 大さじ2
塩、こしょう … 各少々
サラダ油 … 大さじ1
万能ねぎの小口切り … 大さじ2
塩昆布（細切り）… 適量

作り方

1 ハムは1cm角に切る。
2 ボウルに卵を溶きほぐし、牛乳、塩、こしょうを加えて混ぜる。
3 フライパンにサラダ油を熱して1を炒め、2を流し入れて箸で大きく混ぜ、半熟になったら火を止めて万能ねぎを加える。
4 器に盛り、塩昆布をのせる。

| 調理の手順 | → | 主食のオクラをゆで、魚介の下ごしらえをする | → | 副菜1のドレッシングを作る | → | 主食を作る | → | 副菜1を作る | → | 副菜2を作る |

夏　土曜日の献立

長時間煮込まずにできるカレー
シーフードカレー　主食

材料（4人分）
鯛 … 2切れ
えび … 大8尾
帆立て貝柱 … 4個
A ｜ 塩、こしょう … 各少々
　｜ 白ワイン … 大さじ1
　｜ 小麦粉 … 適量
オクラ（塩ゆでする） … 8本
サラダ油、白ワイン … 各大さじ2
B ｜ 顆粒フュメドポワソン
　｜ （14ページ） … 8g
　｜ 熱湯 … カップ2
C ｜ カレールウ（刻む） … 4皿分
　｜ トマトソース … 130ml
　｜ ローリエ … 4枚
D ｜ ご飯 … 2合分
　｜ バター、パセリのみじん切り
　｜ 　… 各大さじ1
赤ピーマンのピクルス（9ページ）
　… 適宜

作り方
1 オクラは斜め半分に切る。Dは混ぜ合わせてバターライスを作る。
2 鯛は一口大に切る。えびは殻をむいて背側に切り目を入れて背わたをとる。帆立て貝柱とともにAをまぶす。
3 フライパンにサラダ油を熱して2を焼き、全体に焼き色がついたら白ワインを加え、ふたをして蒸し焼きにする。火を止め、具をいったんとり出す。
4 Bを合わせて溶き、Cとともに3のフライパンに入れて混ぜる。火にかけ、2〜3分煮る。
5 器に4を敷いてバターライスを盛り、3の具とオクラをのせる。あれば赤ピーマンのピクルスを添える。

Point!

えびは背側に切り目を入れ、背わたをとり除く。こうすると仕上がりがきれいで、舌ざわりもよい。

カレールウは、刻んでから加えると素早く溶けてむらなく仕上がる。

帰宅後30分で3品、のための
時短の小ワザを公開!

今回の献立は、帰宅後30分以内にできるように組み立てていますが、3品を同時に作るのは、慣れていないと最初はちょっと手間どるかもしれませんね。でも実は、ちょっとしたことで、作業の効率は上がるものなのです。時間と手間をカットできる小ワザ、ぜひ実践してみてください。

小ワザ 1 まず材料を全部出す

レシピを見ながら「次はこれを使うのね」と、いちいち材料を探して冷蔵庫や棚を開け閉めすると、それだけで時間をロスしてしまいます。まず調理の前に材料は全部出しておきましょう。料理ごとにバットにまとめておくと、よりわかりやすいですね。調味料も合わせて使うものは計量しておきます。

小ワザ 2 野菜は最初にまとめて切る

3つの料理を、ひとつひとつ最初から順を追って作るのは非効率的。野菜を切るところは、全部まとめてやってしまいましょう。野菜が終わってから肉、魚を切ります。先に肉や魚を切ると、汁がついて汚れるので洗う手間がかかりますが、野菜から切れば、さっと水で流す程度ですみます。なるべく洗い物の手間をかけないことも、時短のコツです。

小ワザ 3 ゆでるものはひと鍋で同時に

ゆでるものが何種類かある場合、いくつも鍋を用意したり、何度もお湯を沸かすのは大変ですよね。大きな鍋で同時にゆでればその必要がありません! 鍋の縁にかけられるざる(13ページ)があれば材料ごとに時間差で引き上げることができて便利。私は、同時に2〜3種類の野菜をゆでたりすることもありますよ。

3章

秋の食事作り

食欲の秋、食材も豊富な時期です。
秋の味覚をふんだんに使い、楽しい食卓にしたいですね。
寒くなりはじめるので、
体が温まるスープも、あると嬉しいものです。

Autumn

Sunday
Monday
Tuesday
Wednesday
Thursday
Friday
Saturday

秋の献立1週間

秋は穀物や野菜などの食材が豊富です。
なかでもきのこ類は一番おいしい季節。
健康にもよいので、たっぷり食べたいものです。

日　新鮮な魚介でちょっと贅沢に
- お造りサラダ
- プリッツの生ハム巻き
- ブイヤベース

月　味のバランスのよい和ごはん
- れんこんの梅肉酢あえ
- かきの茶碗蒸し
- 牛肉のすき焼き風煮

火　帰宅後すぐできる超時短献立
- いかともずくの酢の物
- ほうれんそうのバター炒め
- たらのみそ漬け焼き

買い物メモ1　日曜日分

〈野菜・果物など〉
- きゅうり 1本
- 完熟トマト 大2個
- れんこん 120g
- さやいんげん 8本
- しし唐 6本
- ほうれんそう 2束
- 青梗菜 2株
- ベビーリーフ 1袋
- ルッコラ ★
- 長ねぎ 1本
- 三つ葉 ★
- 紅たで ★
- しょうが 2かけ
- にんにく 1かけ
- じゃが芋 大1個
- ブラウンマッシュルーム 8個
- しいたけ 2個
- エリンギ 2パック
- 柿 1個
- レモン 2個
- すだち
- ぎんなんの水煮 20粒

彩り野菜・洋
- にんじん 大1本
- 玉ねぎ 大1個
- セロリ 1本
- パプリカ（赤・黄） 各大1個
- ズッキーニ 大1本
- ブロッコリー 小1個

彩り野菜・和
- ごぼう 25cm×6本
- にんじん 大2本
- れんこん 1節
- かぶ 2個
- さやいんげん 12本

昆布にんにくしょうゆ★
- にんにく 1玉
- 昆布 5cm角3枚
- 薄口しょうゆ カップ1
- しょうゆ カップ1

あめ色玉ねぎ★
- 玉ねぎ 大1個
- バター 30g
- チキンスープ

〈魚介〉
- 刺身盛り合わせ 4〜5種 各4切れ
- いか（刺身用・糸造り） 120g
- 金目鯛 2切れ
- ひらめ 2切れ
- たら 4切れ
- ムール貝 8個
- かき 8個
- かにの身 4本
- ちりめんじゃこ 20g

〈肉〉
- 牛すき焼き用肉 300g
- 生ハム 12枚
- 鶏もも肉 200g

〈卵・牛乳・豆腐など〉
- 卵 9個
- バター 20g＋大さじ2
- 木綿豆腐 400g
- 結びこんにゃく 8個

煮干しのだし汁★
- 煮干 60g
- 昆布 16g

〈缶詰・冷凍食品〉
- 冷凍ミックスベジタブル 200g

〈乾物・加工品・その他〉
- もずく酢 200g
- なめたけのしょうゆ煮 60g
- 漬け物（紅大根など）★
- 味つきザーサイ 30g
- ケーパー 大さじ3
- トマトプリッツ 24本
- ペンネ 160g
- いり白ごま
- 練り白ごま
- 青打ち豆 50g
- 梅肉
- 梅昆布茶

〈調味料・スパイス〉
- ブイヤベースの素 1袋
- かに玉の素 2袋
- 薄口しょうゆ
- ポン酢しょうゆ
- だしパック
- かつお濃縮だし
- 固形ブイヨン
- 中華スープの素（ペースト）
- 顆粒フュメドポワソン
- マヨネーズ
- わさび
- オイスターソース
- ゆずこしょう
- オリーブ油
- ごま油
- 太白ごま油
- トマトソース
- 白ワイン
- 紹興酒 ★
- 香酢 ★
- シナモンパウダー ★

★は、余裕があれば購入（盛りつけの飾り用の食材、代用可能な調味料など）

秋 秋の献立1週間

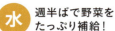
水 週半ばで野菜を
たっぷり補給！
- 中華風温野菜サラダ
- ごちそう炒飯
- トマト入りかに玉

木 おしゃれな
イタリアン風献立
- 冷製パスタサラダ
- ミネストローネ
- さけのムニエル

金 定番にしたい味が
勢揃い
- 小鯛の笹漬けサラダ
- 根菜のみそスープ
- 照り焼きチキン

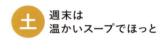
土 週末は
温かいスープでほっと
- いちじくのカプレーゼ風
- スモークサーモンのばらの花
- 豚肉のポトフ

買い物メモ2　木曜日分

〈野菜・果物など〉
きゅうり　1本
大根　60g+5cm
カリフラワー　1/2個
クレソン　1束
万能ねぎ
あさつき★
ディル★
セルフィーユ★
マッシュルーム　8個
しいたけ　8個
いちじく　2個
すだち★

〈魚介〉
生ざけ　4切れ
小鯛の笹漬け　5枚
スモークサーモン　12枚
辛子明太子　60g

〈肉〉
鶏もも肉　2枚
豚ヒレ肉　400g
ベーコン　50g

〈卵・牛乳・豆腐など〉
生クリーム　60ml
モッツァレラチーズ　1個
生ゆば　40g

秋 日曜日にする下準備はこちら

今回は一見することが多くて大変そうに見えますが、
どれも作業としては簡単なのでがんばってやってしまいましょう！
あめ色玉ねぎは、ストックしておくと便利ですよ。

買い物の後にすぐしておくことは……

① たらのみそ漬けを作る　→火曜日に使う

材料（4人分）
たら … 4切れ
白みそ … 50g
みりん … 大さじ1

作り方
1 白みそとみりんを混ぜ合わせる。
2 1をたらに塗ってバットなどに並べ入れ、表面にラップをぴったりと張りつけるようにかけて冷蔵庫で保存する。

② 煮きり酒を作る　→火曜日に使う

材料と作り方は11ページ

③ あめ色玉ねぎを作る　→金曜日に使う

材料（でき上がり約250g分）
玉ねぎ … 大1個（300g）
塩 … 少々

A│しょうゆ … 小さじ2
　│チキンスープ … 大さじ3
バター … 30g

作り方
1 玉ねぎは縦四つ割りにし、繊維を断つように薄切りにする。耐熱ボウルに入れて塩をふり、Aを加えて混ぜ、バターを1cm角程度に切って上に散らす。
2 ラップなしで電子レンジに5分かけ、とり出して混ぜる。これをあと2回行う。
3 でき上がったら冷ます。使いやすい分量に小分けし（本書レシピでは1/3量ずつ使用）、冷蔵か冷凍保存を。

Point! ボウルは大きめのガラス製（レンジ対応のもの）がおすすめ。

④ 煮干しのだし汁を作る　→金曜日に使う

材料と作り方は11ページ

日曜日の献立

新鮮な魚介でちょっと贅沢に

お造りサラダ
プリッツの生ハム巻き
ブイヤベース

秋 / 日曜日の献立と下準備

ブイヤベース

プリッツの生ハム巻き

お造りサラダ

秋 日 Sunday

| 調理の手順 | → | 主菜の下ごしらえをする | → | 副菜1、2の下ごしらえをする |

パック詰めのお刺身で一工夫
お造りサラダ 副菜1

材料（4人分）

刺身の盛り合わせ … 4〜5種（各4切れ程度）
きゅうり … 1本
ベビーリーフ … 1袋
塩 … 適量
太白ごま油 … 小さじ2
A　マヨネーズ … 大さじ2
　　薄口しょうゆ … 大さじ1 2/3
　　太白ごま油 … 大さじ1 1/3
　　おろしわさび … 適量

作り方

1. 刺身に塩少々をふる。
2. きゅうりはスライサーでせん切りにし、ベビーリーフは塩少々と太白ごま油をふる。
3. Aを混ぜ合わせてドレッシングを作る。わさびの量は好みで加減する。
4. 器に1、2を盛り合わせ、3を添える。

手軽に洒落た一品が完成
プリッツの生ハム巻き 副菜2

材料（4人分）

トマトプリッツ（市販）… 24本
生ハム … 12枚
柿 … 1個
ルッコラ … 適量

作り方

1. 柿は皮をむいてへたと種をとり、2cm角に切る。ルッコラは根元を切り落とす。
2. プリッツ2本を生ハム1枚で巻く。これを12本作る。
3. 器に柿と2を盛り、ルッコラを飾る。

→ 主菜を作る → 副菜2を作る → 副菜1を作る

日曜日の夜は鍋を囲んで団欒！
ブイヤベース 主菜

材料（4人分）
金目鯛、ひらめ … 各2切れ
ムール貝 … 8個
彩り野菜（洋・8ページ）… 300g
ブラウンマッシュルーム … 8個
塩、こしょう … 各少々
小麦粉 … 適量
オリーブ油 … 大さじ3
白ワイン … 150ml
ブイヤベースの素 … 1袋（4人分）
レモンのくし形切り … 1個分

作り方
1 彩り野菜は半解凍する。
2 ムール貝は殻をよく洗い、貝から出ている糸を骨抜きで抜く。
3 金目鯛とひらめは1切れを2等分に切り、塩、こしょうをふり、小麦粉をまぶす。
4 フライパンにオリーブ油大さじ2を熱し、3を入れて焼く。かるく焼き色がついたら白ワイン50mlを注いでふたをし、蒸し焼きにする。魚をとり出す。
5 4のフライパンに残りの白ワインと2を入れ、ふたをして火にかける。貝の口が開いたらとり出す。
6 5のフライパンに残りのオリーブ油を足し、1とマッシュルームを入れて火を通し、食卓用の鍋に移し入れる。ブイヤベースの素、表示通りの水、4を加えて煮る。最後に5を加えてさっと煮る。
7 鍋を食卓に移し、レモンを添え、とり分けて食べる。

 Point!
ムール貝から出ている糸は足糸といい、抜くと鮮度が落ちるので使う直前に処理する。

残ったスープでリゾットを
（作り方は74ページ）。

秋
日曜日の献立

秋 月 Monday

味のバランスのよい和ごはん

れんこんの梅肉酢あえ
かきの茶碗蒸し
牛肉のすき焼き風煮

酸味が献立のアクセントに
れんこんの梅肉酢あえ 副菜1

材料（4人分）
れんこん…120g
しし唐…6本
ちりめんじゃこ…20g
酢…50ml
A ┃ 梅肉…40g
　┃ すだち汁…大さじ½
　┃ かつお濃縮だし（14ページ）…小さじ1
薄口しょうゆ、砂糖…各少々

作り方

1 れんこんは皮をむいて薄い半月切りにする。しし唐は縦に切り目を入れて種を除き、小口切りにする。
2 鍋に水500mlと塩小さじ½（分量外）を沸かし、ちりめんじゃこを湯通ししてとり出し、しし唐も同じ湯でさっとゆでてとり出す。
3 2の鍋に酢を加え、れんこんをゆでる。ざるに上げて水けをきる。
4 ボウルにAを入れて混ぜ合わせ、味をみて薄口しょうゆ、砂糖で味を調える。れんこんとちりめんじゃこを加えてあえる。
5 4を器に盛り、しし唐を散らす。

主菜を煮ている間に蒸して時短！
かきの茶碗蒸し 副菜2

材料（4人分）
かき（塩水で洗う）…8個
かにの身…4本
しいたけ…2個
ぎんなんの水煮…8粒
卵…3個
A ┃ だし汁（濃いめ・14ページ）…カップ2
　┃ 酒…小さじ2
　┃ 薄口しょうゆ…小さじ1
　┃ 塩…小さじ½弱
三つ葉…適量

作り方

1 しいたけとかには食べやすく切る。湯を沸かし、ぎんなん、かきをさっと湯通しする。
2 卵を溶き、Aを加えて混ぜる。
3 器に1を入れ、2を流し入れる。蒸気の上がった蒸し器に入れ、弱火で15～20分蒸し、三つ葉をのせる。

 Point! ふたつきの蒸し茶碗を使うと、器に蒸気の水分が滴って入ることを防げる。

| 調理の手順 | → | 副菜1を作る | → | 副菜2、主菜の湯通しをする | → | 副菜2を作る | → | 主菜を作る |

秋 — 月曜日の献立

甘辛味が食欲をそそる
牛肉のすき焼き風煮

主菜

材料（4人分）
- 牛すき焼き用肉 … 300g
- 木綿豆腐 … 400g
- じゃが芋 … 大1個
- 長ねぎ（ぶつ切りにする）… 1本
- さやいんげん … 8本
- 結びこんにゃく … 8個
- A
  - しょうゆ、みりん … 各80ml
  - 砂糖 … 大さじ2
  - 水 … カップ1/2
- 塩 … 適量

作り方
1. さやいんげんは塩ゆでして長さを3等分に切り、同じ湯でこんにゃくを湯通しする。
2. 牛肉は5cm幅に切り、豆腐は水きりして一口大に切る。じゃが芋は1cm厚さの半月切りにする。
3. Aは混ぜ合わせ、1/3量を鍋で煮立て、牛肉、じゃが芋、長ねぎを加えていり煮にする。火が通ったものから器に盛る。
4. 3の鍋に豆腐、こんにゃく、残りの煮汁を入れて煮る。さやいんげんを加えてさっと煮、器に盛る。

秋 火 Tuesday

帰宅後すぐできる超時短献立

いかともずくの酢の物
ほうれんそうのバター炒め
たらのみそ漬け焼き

調理の手順 → 副菜2のほうれんそうをゆでる → 主菜を作る → 副菜1を作る → 副菜2を作る

調理はほとんど盛りつけだけ
いかともずくの酢の物 副菜1

材料（4人分）
いか（刺身用・糸造り）… 120g
もずく酢（市販）… 200g
煮きり酒（11ページ）… 小さじ2
塩 … 少々
紅たで … 適宜

作り方
1. いかは煮きり酒をかけ、塩をふる。
2. 器にもずく酢、1を盛り、あれば紅たでを飾る。

なめたけとバターが好相性
ほうれんそうのバター炒め 副菜2

材料（4人分）
ほうれんそうの葉＊… 2束分
なめたけのしょうゆ煮（市販）… 60g
バター … 20g
昆布にんにくしょうゆ
　（10ページ）… 小さじ1
塩 … 適量

作り方
1. ほうれんそうは塩ゆでし、水にとって水けをきり、3cm長さに切る。
2. フライパンにバターを熱して1を炒め、塩少々をふり、昆布にんにくしょうゆを鍋はだからまわし入れる。火を止め、なめたけを加えて混ぜ合わせる。

＊ほうれんそうは株の上 2/3 の葉を使う。残った茎は翌日の「トマト入りかに玉（67ページ）」で使用。

日曜に仕込んであるから焼くだけ！
たらのみそ漬け焼き 主菜

材料（4人分）
たらのみそ漬け（58ページ）
　… 4切れ
エリンギ … 2パック
A｜水 … カップ1
　｜塩 … 小さじ1
好みの漬物（紅大根など）… 適量

作り方
1. Aで塩水を作り、エリンギを一口大に切ってくぐらせる。
2. たらのみそをぬぐいとり、魚焼きグリルで両面色よく焼いて中まで火を通す。途中、1も入れて焼く。
3. 2を器に盛り、漬物を添える。

Point!
魚のみそ漬けは焦げやすいので、みそをしっかりぬぐってから焼く。また、火は強めの中火程度にするとよい。

秋 火曜日の献立

いかともずくの酢の物

ほうれんそうのバター炒め

たらのみそ漬け焼き

秋 水 Wednesday

週半ばで野菜をたっぷり補給！

中華風温野菜サラダ
ごちそう炒飯
トマト入りかに玉

彩り野菜は中華風でも活躍
中華風温野菜サラダ 〈副菜〉

材料（4人分）
彩り野菜（和・9ページ）… 300g
青梗菜（チンゲンツァイ）… 2株
ぎんなんの水煮 … 12粒
A｜マヨネーズ … 大さじ4
　｜オイスターソース … 大さじ1 ½
　｜練り白ごま … 小さじ2
　｜香醋＊ … 小さじ1
　｜塩 … 少々
いり白ごま、ごま油、塩 … 各適量

作り方
1 彩り野菜は半解凍する。
2 Aは混ぜ合わせてソースを作り、器に入れて白ごまをのせる。
3 鍋に水とごま油、塩（水1ℓに対して塩小さじ1、ごま油大さじ1）を入れて煮立たせ、1を2〜3分ゆで、ざるにとる。続いて青梗菜、ぎんなんをさっとゆで、ざるに上げる。
4 青梗菜は縦二つ〜四つ割りにし、その他の3とともに器に盛り、2を添える。

＊中国産の黒酢。普通の酢で代用可。

具だくさんで味もリッチ
ごちそう炒飯 〈主食〉

材料（4人分）
ご飯 … 2合分
鶏もも肉 … 200g
A｜しょうゆ、紹興酒 … 各小さじ1
　｜しょうが汁 … 小さじ½
冷凍ミックスベジタブル … 200g
しょうが、にんにくの薄切り … 各1かけ分
B｜中華スープの素（ペースト）… 小さじ1
　｜熱湯 … 大さじ1
昆布にんにくしょうゆ（10ページ）… 小さじ2
サラダ油 … 大さじ2
塩、こしょう … 各適量
味つきザーサイ（細切り）… 30g

作り方
1 鶏肉は1.5cm角に切り、Aにつけ、汁けをきる。
2 Bを溶き、昆布にんにくしょうゆ、1のつけ汁を混ぜる。
3 フライパンにサラダ油を熱し、しょうがとにんにくを炒め、香りが出たらとり出す。鶏肉、ミックスベジタブルを順に入れて炒め、塩少々をふる。ご飯を加えて炒め合わせ、2、塩、こしょうで調味する。
4 器に盛り、ザーサイをのせる。

秋 / 水曜日の献立

| 調理の手順 | → | 副菜の彩り野菜を半解凍し、主菜のトマトを湯むきする | → | 副菜を作る | → | 主食を作る | → | 主菜を作る |

野菜を加えてヘルシーに
トマト入りかに玉 主菜

材料（4人分）

卵 … 6個
完熟トマト … 大2個
ほうれんそうの茎＊ … 2束分
塩 … 少々
かに玉の素 … 2袋
サラダ油 … 大さじ2

＊火曜日のほうれんそうのバター炒め（p64）の残りの茎を使用

ここで使用したかに玉の素は、「ごはんによくあう ごちうま 五目かに玉の素」（江崎グリコ）。

作り方

1 トマトは湯むきしてざく切りにし、ほうれんそうの茎は細かく刻んで塩をふる。

2 ボウルに卵を溶きほぐし、かに玉の素の表示通りに加えて卵液を作り、1を加えて混ぜる。

3 フライパンにサラダ油大さじ1を熱し、2を半量流し入れる。箸で大きく混ぜ、半熟状になったら丸く形を整え、ふたをして中火〜弱火で火を通す。返して反対側も焼き、器に盛る。同様にしてもう1枚焼く。

4 3のフライパンで、かに玉の素に添付のあんかけの素を使い、表示通りにあんを作り、3にかける。

Point!
卵を返すときは、鍋のふたに滑らせてのせ、フライパンをかぶせてひっくり返す。

秋 木 Thursday

おしゃれなイタリアン風献立

冷製パスタサラダ
ミネストローネ
さけのムニエル

ケーパーの風味が味の決め手
冷製パスタサラダ　副菜1

材料（4人分）

- ペンネ … 160g
- 辛子明太子 … 60g
- A　ケーパー … 大さじ3
  　　ケーパーのつけ汁 … 大さじ1½
  　　薄口しょうゆ … 小さじ1
  　　オリーブ油 … 大さじ2
- 塩 … 適量
- オリーブ油 … 大さじ½
- クレソン … 1束

作り方

1. ペンネは袋の表示時間通りに塩ゆでし、ざるに上げてオリーブ油をふり、そのまま冷ます。
2. 明太子は薄皮をとり除いてボウルに入れ、Aを加えて混ぜ合わせる。
3. 2に1を加えてあえ、器に盛り、クレソンを添える。

具は短時間で煮える材料だけ
ミネストローネ　副菜2

材料（4人分）

- 彩り野菜（洋・8ページ）… 300g
- ベーコン、青打ち豆 … 各50g
- 熱湯 … カップ3
- 固形ブイヨン … 2個
- サラダ油 … 大さじ½
- トマトソース（市販）… 100g
- 塩、砂糖 … 各少々

作り方

1. 彩り野菜は半解凍する。ベーコンは1cm角に切る。青打ち豆はさっと洗って水けをきる。
2. 分量の熱湯にブイヨンを溶かす。
3. 鍋にサラダ油を熱してベーコンを炒め、2を加えて煮立てる。青打ち豆を加えてやわらかく煮、トマトソースと彩り野菜を加えて3～4分煮、塩、砂糖で調味。

Point!
青打ち豆は、やわらかくした大豆をつぶして乾燥させたもの。もどさず使え、短時間で煮えるため、みそ汁、煮物などにもおすすめ。

| 調理の手順 | → | 副菜2の彩り野菜を半解凍にする | → | 副菜1を作る | → | 副菜2を作る | → | 主菜を作る |

秋　木曜日の献立

濃厚なうまみが味わえるソース
さけのムニエル　主菜

材料（4人分）

- 生ざけ … 4切れ
- A｜塩、こしょう … 各少々
　　｜小麦粉 … 適量
- マッシュルーム … 8個
- サラダ油 … 大さじ1
- 白ワイン … 50ml
- B｜顆粒フュメドポワソン …（14ページ）2g
　　｜熱湯 … カップ½
- C｜バター … 大さじ2
　　｜生クリーム … 60ml
- 塩、こしょう … 各少々
- セルフィーユ … 適宜

作り方

1. さけはAをまぶす。
2. Bを混ぜ合わせて溶く。
3. マッシュルームは5mm厚さに切る。
4. フライパンにサラダ油を熱し、1を皮目から焼く。焼き色がついたら返し、両面に焼き色をつける。白ワインを加え、ふたをして中まで火を通し、とり出して器に盛る。
5. 4のフライパンに3を入れて炒め、2を注いで半量になるまで煮詰める。Cを加え、塩、こしょうで調味し、さけにかける。あればセルフィーユを飾る。

秋  金 Friday

定番にしたい味が勢揃い

小鯛の笹漬けサラダ
根菜のみそスープ
照り焼きチキン

さっぱりしたおつまみ風
小鯛の笹漬けサラダ　副菜1

材料（4人分）

小鯛の笹漬け（市販）＊ … 5枚
きゅうり … 1本
大根 … 60g
梅昆布茶 … 小さじ1½
ポン酢しょうゆ … 小さじ1
すだちの輪切り … 4枚

作り方

1 きゅうりと大根は一口大の乱切りにし、梅昆布茶をふりかける。
2 小鯛の笹漬けは1枚を2～3等分に切り、ポン酢しょうゆをふる。
3 器に1、2を盛り、すだちを添える。

＊こはだ漬けや締めさばなどでもOK。

肌寒い日に嬉しいみそ味
根菜のみそスープ　副菜2

材料（4人分）

彩り野菜（和・9ページ）… 300g
生ゆば … 40g
万能ねぎ … 5本
煮干しのだし汁（11ページ）… カップ2
みそ … 30g

作り方

1 彩り野菜は半解凍する。
2 ゆばは2cm角に切り、万能ねぎは2～3cm長さに切る。
3 鍋にだし汁を入れて火にかけ、煮立ててあくをとり、1を加えて5分ほど煮る。
4 弱火にしてみそを溶き入れ、2を順に加える。

| 調理の手順 | → | 主菜の鶏肉をつけ汁につける | → | 副菜2を作る | → | 副菜1を作る | → | 主菜を作る |

秋　金曜日の献立

あめ色玉ねぎでうまみがアップ

照り焼きチキン　主菜

材料（4人分）
- 鶏もも肉 … 2枚
- A｜薄口しょうゆ … 大さじ2
- 　｜みりん … 大さじ2
- 片栗粉 … 適量
- サラダ油 … 大さじ1½
- あめ色玉ねぎ（58ページ）＊1
  … ⅓量（約80g）
- 塩 … 少々
- ピクルス＊2 … 適宜

＊1 市販の炒め玉ねぎペーストで代用可。
＊2 赤ピーマンのピクルス（9ページ）に、レンジ加熱したカリフラワーとかぼちゃを加えたもの。

作り方
1. 鶏肉は1枚を4等分ずつに切り、Aにつける。汁けをきり、片栗粉をまぶす。つけ汁はとっておく。
2. フライパンにサラダ油を熱し、1を皮目から焼いて両面に焼き色をつける。水50mlを注ぎ、ふたをして蒸し焼きにし、器に盛る。
3. 2のフライパンにあめ色玉ねぎと1のつけ汁を入れて煮詰め、塩で調味する。鶏肉にかけ、あればピクルスを添える。

秋 土 Saturday

週末は温かいスープでほっと

いちじくのカプレーゼ風
スモークサーモンのばらの花
豚肉のポトフ

副菜1 組み合わせの妙を楽しむ一品
いちじくのカプレーゼ風

材料（4人分）
いちじく … 2個
モッツァレラチーズ … 1個（100g）
塩 … 適量
オリーブ油 … 小さじ1
あさつき … 少々
シナモンパウダー … 適宜

作り方
1. いちじくは湿らせたキッチンペーパーで表面の汚れをふき、六つ割りにして塩少々をふる。
2. モッツァレラチーズは7〜8mm厚さの半月切りにし、塩少々をふる。
3. 器に1、2を盛り、あればシナモンパウダーをふり、オリーブ油をかけ、あさつきを飾る。

副菜2 手軽だからこそ盛りつけを工夫
スモークサーモンのばらの花

材料（4人分）
スモークサーモン … 12枚
大根 … 5cm
赤ピーマンのピクルスのつけ汁（9ページ）… 50ml
塩 … 少々
レモンの輪切り … 4枚
ディル … 適宜

作り方
1. 大根は薄い半月切りにし、塩をふってピクルスのつけ汁につける。
2. 1の汁けをきり、1枚ずつサーモンと重ねて巻き、ばらの花の形にする。
3. 器にレモンを敷いて2をのせ、あればディルを添える。

| 調理の手順 | → | 主菜の具を下処理し、副菜2の大根をつける | → | 主菜を作る | → | 副菜2を作る | → | 副菜1を作る |

秋 土曜日の献立

肉も野菜も一皿でしっかりとれる
豚肉のポトフ　主菜

材料（4人分）

- 豚ヒレ肉 … 400g
- 彩り野菜（洋・8ページ）… 300g
- しいたけ … 8個
- カリフラワー … 1/2個
- A　固形ブイヨン … 3個
　　熱湯 … 1ℓ
- 昆布にんにくしょうゆ（10ページ）… 大さじ1 1/3
- 塩 … 適量
- こしょう … 少々
- ゆずこしょう … 適量

作り方

1. 彩り野菜を半解凍する。
2. 豚肉に塩、こしょう各少々をまぶす。
3. しいたけは石づきをとり、カリフラワーは小房に分けて塩ゆでする。
4. 鍋にAを入れて溶かし、昆布にんにくしょうゆを加えて煮立てる。2を加えて20分ほど弱火で煮る。途中あくをとる。
5. 1、3を加えて5分ほど煮込む。
6. 豚肉は食べやすい大きさに切ってその他の具とともに器に盛り、スープを注ぐ。ゆずこしょうを添える。

Point! 豚肉はヒレ肉をかたまりのまま煮ると、途中でくずれず、やわらかく煮える。

番外編

いつもの献立が違う一品に！
手軽な応用＆展開レシピ

料理のレパートリーが広がらないのが悩み、という声をよく聞きます。
まずは、定番料理の具や調味料をかえてみたり、残ったスープやだしでもう一品作る、
という簡単なところからはじめてはいかがでしょうか？
応用料理の中でも"おいしい"とよくリクエストされる2品をご紹介しますね。

鶏肉、ルウを使ってより手軽に！
カレーパエリア 「具だくさんパエリア（21ページ）」の応用レシピ

材料（4人分）

- 米 … 2合
- A｜固形ブイヨン … 1個
  ｜熱湯 … 380ml
- 鶏もも肉 … 200g
- 玉ねぎ … 1/2個
- しめじ … 1パック
- カレールウ … 2皿分
- サラダ油 … 大さじ2
- 塩 … 少々
- レーズン（熱湯につけて
  かるくもどす）… 30g
- はりはり漬け（市販）
  … 50g

作り方

1. 米はといで水けをきる。
2. Aは混ぜ合わせて溶く。
3. 玉ねぎはみじん切りにし、しめじは石づきを除いて2cm長さに切る。
4. 鶏肉は2cm角に切る。
5. フライパンにサラダ油大さじ1を熱し、玉ねぎ、鶏肉、しめじを順に加えて炒める。
6. 残りのサラダ油を足し、米を加えて炒め、塩をふる。カレールウを粗く刻んで加え、混ぜる。
7. 火を止め、2を注いでかるく混ぜ、ふたをして中火～強火にかける。ふたのすき間から蒸気がしっかり出るようになったら弱火にし、10分炊く。火を止めて8分ほど蒸らす。
8. レーズンとはりはり漬けを散らす。

おいしいスープを活用して作る
ブイヤベースリゾット 「ブイヤベース（61ページ）」の展開レシピ

材料（4人分）

- ブイヤベースのスープ
  （61ページ）… カップ1 1/2
- ご飯 … 1合分
- ブラウンえのき* … 1/2袋
- 粉チーズ … 大さじ1
- 万能ねぎの小口切り … 適量
- 塩 … 適宜

作り方

1. ブラウンえのきは石づきを除いて1.5cm長さに切る。
2. 鍋にスープを入れ、煮立ったら1とご飯を順に加えてさっと煮る。味をみて足りなければ塩で調味する。
3. 器に盛り、粉チーズをのせて万能ねぎを散らす。

＊茶色いえのきだけで、普通のえのきだけより歯ごたえがあり、風味もやや強い。普通のえのきだけでもOK。

4章

冬の食事作り

多忙な中でも、季節ならではのごちそうは用意したいもの。
少しの手間で、家族に喜ばれる、そんな献立を心がけます。
買い物は、買い忘れなどがないよう、チェックを入念に。

Winter

Sunday
Monday
Tuesday
Wednesday
Thursday
Friday
Saturday

冬の献立 1 週間

冬はお家の中が恋しい季節。皆が集まるクリスマスもあり、
主婦の腕の見せどころ！ 家族で囲むお鍋も楽しいですね。
金目鯛やいとよりなども脂がのっています。

日 クリスマスのごちそうメニュー
- スモークオイスターサラダ
- 簡単ガスパチョ
- ローストチキン

月 フライパン一つでできるのがうれしい

- カリフラワーの焼きサラダ
- 黒豆のカッテージチーズあえ
- いとよりの野菜スープ浸し

火 忙しいときのお助け、手軽な和風献立

- 豆腐のきのこあんかけ
- 茶そば
- 豚肉ともやしの甘口しょうゆあえ

買い物メモ1　日曜日分

〈野菜・果物など〉
- ミニトマト 6個
- 玉ねぎ 2/3個
- カリフラワー 1/2個
- かぶ 5個
- マッシュルーム 6個
- しめじ 1パック
- しいたけ 4個
- えのきだけ 1袋
- 生きくらげ 50g
- ピーマン(緑・赤) 各3個
- ブロッコリー 1個
- ゆり根 1個
- サラダほうれんそう 2束
- にら 1/2束
- ブロッコリースプラウト 1パック
- 貝割れ菜 1/2パック
- 万能ねぎ
- もやし 2袋
- みょうが 1個
- にんにく 1かけ
- しょうが 2かけ
- 大根 少々
- ミント ★
- クレソン ★
- パセリ
- レモン 2個

彩り野菜・洋
- にんじん 大1本
- 玉ねぎ 大1個
- セロリ 1本
- パプリカ(赤・黄) 各大1個
- ズッキーニ 大1本
- ブロッコリー 小1個

赤ピーマンのピクルス
- 赤ピーマン 10個
- りんごジュース カップ1 1/2
- ローリエ
- クローブ
- 白こしょう(ホール)
- 白ワインビネガー

あめ色玉ねぎ ★
- 玉ねぎ 大1個
- バター 30g
- チキンスープ

昆布にんにくしょうゆ ★
- にんにく 1玉
- 昆布 5cm角 3枚
- 薄口しょうゆ カップ1
- しょうゆ カップ1

〈魚介〉
- いとより(三枚おろし) 4切れ
- 焼きあなご 2尾

〈肉〉
- 丸鶏 1羽
- 豚しょうが焼き用肉 300g
- 牛ももステーキ用肉 300g

〈卵・牛乳・豆腐など〉
- 卵 1個
- うずら卵 4個
- バター 大さじ4+1cm角×16個
- カッテージチーズ 150g
- 木綿豆腐 2丁

煮干しのだし汁 ★
- 煮干し 60g
- 昆布 16g

〈缶詰・冷凍食品〉
- かきのくん製(缶詰) 2缶
- ツナ(缶詰) 60g
- あさり水煮(缶詰) 60g
- 冷凍グリーンピース 30g

〈乾物・加工品・その他〉
- はんぺん 1枚
- 黒豆の甘煮 60g
- のりのつくだ煮 45g
- 乾燥茶そば 100g
- 乾燥マッシュポテト 25g
- 野菜ミックスジュース カップ2
- にんじんスリセル干し大根 15g
- レーズン 大さじ1
- かるじゃが
- 刻みのり
- 昆布
- 顆粒片栗粉
- 昆布茶

〈調味料・スパイス〉
- 甘口しょうゆあえの素 2袋
- 薄口しょうゆ
- ポン酢しょうゆ
- そばつゆ
- わさび
- 赤みそ
- だしパック
- 固形ブイヨン
- 顆粒フュメドポワソン
- 白ワインビネガー
- バルサミコ酢
- りんご酢
- ウスターソース
- マヨネーズ
- オイスターソース
- 花椒 ★
- 豆板醤
- オリーブ油
- ごま油
- はちみつ
- 粒マスタード
- ラム酒
- 白ワイン
- 紹興酒 ★
- 粗びき黒こしょう ★
- 糸唐辛子 ★

★は、余裕があれば購入(盛りつけの飾り用の食材、代用可能な調味料など)

冬

冬の献立1週間

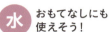 おもてなしにも使えそう！
- 切り干し大根のツナサラダ
- コロコロステーキ
- あなごのかぶら蒸し

 ホットプレートで楽しく調理！
- 白菜の中華風サラダ
- 麻婆ごま豆腐
- 海の幸の焼きそば

 つけ込みや焼き時間を効率よく使う
- まぐろとアボカドのサラダ
- 長芋のじゃがバタ風
- 鶏胸肉のステーキ

 さっとできる副菜と鍋で手間いらず
- じゃが芋のシャキシャキサラダ
- 鴨とキウイのあえ物
- ちり鍋

買い物メモ2　木曜日分

〈野菜・果物など〉
- 白菜 ½株（1200g）
- 水菜 1束
- 春菊 ½束
- キャベツ ¼個
- 赤ピーマン 3個
- 玉ねぎ ½個
- 米なす 1個
- ブロッコリー 小1個
- 長ねぎ 2本
- ラディッシュ 3個
- 絹さや 8枚
- 大根 少々
- 万能ねぎ
- しょうが 2かけ
- にんにく 1かけ
- 長芋 250g
- じゃが芋 1個
- しいたけ 8個
- アボカド 1個
- レモン 1個
- キウイ 2個
- すだち 1個

〈魚介〉
- まぐろ（刺身用）160g
- 白身魚（鯛、金目鯛など）4切れ
- 帆立て貝柱 8個
- はまぐり 8個
- いか 100g
- ゆでだこ 120g
- えび 12尾
- 殻つきえび 大4尾
- 辛子明太子 1腹

〈肉〉
- 牛ひき肉 120g
- 鶏胸肉 2枚
- 合い鴨のスモーク 30g

〈卵・牛乳・豆腐など〉
- 卵 1個
- 焼き豆腐 1丁
- こんにゃく 1枚

〈加工品 その他〉
- ごま豆腐 4個
- 中華蒸し麺 4玉
- ゆでうどん ★

冬 日曜日にする下準備はこちら

今回、日曜日はやや時間のかかる献立です。
その分、下準備はなるべく簡単なものにしています。
赤ピーマンのピクルスはそろそろ作り慣れてきましたよね。

買い物の後にすぐしておくことは……

① 赤ピーマンのピクルスを作る　→日曜日に使う

材料と作り方は9ページ

② あめ色玉ねぎを作る　→日曜日と水曜日に使う

材料と作り方は58ページ

③ いとよりに塩をふる　→月曜日に使う

材料（4人分）

いとより（三枚おろし）… 4切れ
塩 … 少々

作り方

いとよりはバットなどに並べ、塩をふる。
ラップをかけて冷蔵保存。

④ 煮干しのだし汁を作る　→火曜日に使う

材料と作り方は11ページ

日曜日の献立

クリスマスのごちそうメニュー

スモークオイスターサラダ
簡単ガスパチョ
ローストチキン

冬 — 日曜日の献立と下準備

簡単ガスパチョ

スモークオイスターサラダ

ローストチキン

冬  Sunday

| 調理の手順 | → 主菜の彩り野菜を半解凍し、ピラフを作る | → オーブンを予熱する |

おいしい缶詰は汁も活用
スモークオイスターサラダ 副菜1

材料（4人分）
- かきのくん製（缶詰）… 2缶
- 赤ピーマンのピクルス（9ページ）… 2切れ
- ミニトマト … 6個
- サラダほうれんそう … 2束
- A
  - かきのくん製の缶汁 … 大さじ2 1/3
  - 赤ピーマンのピクルスのつけ汁 … 大さじ2
  - オリーブ油 … 小さじ1 1/3
  - 塩 … 小さじ1/2弱

作り方
1. ピクルスは2cm角に切り、ミニトマトはへたをとって半分に切り、サラダほうれんそうは根元を切る。
2. Aを混ぜ合わせてドレッシングを作る。
3. 器に1とかきのくん製を盛り、2を添える。

 Point!
使用したのは「缶つまプレミアム 広島県産 かき燻製油漬け」（14ページ）。帆立て缶など好みの缶詰でもOK。

混ぜるだけですぐできる
簡単ガスパチョ 副菜2

材料（4人分）
- 野菜ミックスジュース … カップ2
- A
  - 乾燥マッシュポテト（市販）… 25g
  - 熱湯 … 120ml
- 砂糖 … 小さじ2
- 塩 … 小さじ1/2
- レモンのいちょう切り、粗びき黒こしょう … 各適量
- ミント、かるじゃが（市販）… 各適宜

作り方
1. ボウルにAを合わせてマッシュポテトを作り、ジュースを加えて混ぜ、砂糖、塩で調味する。
2. 1をグラスに注ぎ、レモンをのせてこしょうをふり、あればミントをのせて、かるじゃがを添える。

 Point!
スープのとろみづけに乾燥マッシュポテトを使用（14ページ）。

→ 主菜の鶏の下ごしらえをし、焼く → 副菜1を作る → 主菜のソースを作る → 副菜2を作り、主菜を仕上げる

冬　日曜日の献立

クリスマスならではのごちそう！

ローストチキン 主菜

材料（鶏1羽分）

丸鶏（ローストチキン用）…1羽
玉ねぎ（1cm厚さの輪切りにする）…1個
溶かしバター…大さじ2
塩、こしょう…各適量
ピラフ（詰め物）
　ご飯…1合分
　バター…大さじ1
　玉ねぎのみじん切り…1/3個分
　冷凍グリンピース…30g
　レーズン、ラム酒…各大さじ1
　パセリのみじん切り…大さじ2
　塩、こしょう…各適量
ソース
　あめ色玉ねぎ（58ページ）…1/3量
　　（約80g）
　にんにくの薄切り…1かけ分
　固形ブイヨン…1 1/2個
　熱湯…カップ1 1/2
　塩…適量
　サラダ油…大さじ1
彩り野菜（洋・8ページ）…600g
クレソン…適宜

作り方

1. 彩り野菜は半解凍し、ソース用ににんじんとセロリ各3切れをとり分けて薄切りにする。オーブンは180℃に予熱する。
2. ピラフを作る。レーズンはラム酒に浸す。バターで玉ねぎ、グリンピース、ご飯、レーズンをラム酒ごと順に加えて炒め、パセリを加え、塩、こしょうで調味する。
3. 鶏の腹の中の汚れをふき、中に塩、こしょうをふる。足をたこ糸で束ねる。2を尻から詰め、皮を伸ばしてふさぎ、金属製のピックなどで留める。首の部分も同様に留め、手羽はたたんでたこ糸でしばる。全体に塩、こしょうをすり込み、溶かしバターを塗る。
4. 天パンにアルミ箔を敷いて玉ねぎを敷き、3を背側を上にのせ、15分焼く。天パンをとり出し、鶏の左側が上になるように向きをかえ、15分焼く。同様に右側を上にして15分焼き、焼き足りなければさらに10〜15分焼く。最後に腹側を上にし、彩り野菜を鶏の周囲に置き、15分焼く。
5. ソースを作る。とり分けたにんじんとセロリ、にんにくをサラダ油で炒め、あめ色玉ねぎを加えて炒め合わせる。固形ブイヨンを分量の熱湯で溶かして加え、中弱火で7〜8分煮て塩で調味し、裏ごしする。
6. 器に4を盛り、クレソンを飾ってソースを添える。

 Point!

ピラフをギュッと押し込むように詰めたら、皮を伸ばしてふさぎ、ピックやようじなどで留める。

背側を上にして15分焼いたら、向きをかえ、左右をそれぞれ15分ずつ焼く。

鶏を切り分けて、さあ、いただきます！

冬 月 Monday

フライパン一つでできるのがうれしい

カリフラワーの焼きサラダ
黒豆のカッテージチーズあえ
いとよりの野菜スープ浸し

焼くと香ばしくてジューシーに！
カリフラワーの焼きサラダ　副菜1

材料（4人分）
カリフラワー … ½個
かぶ … 2個
マッシュルーム … 6個
塩 … 少々
A｜白ワインビネガー … 20ml
　｜オリーブ油 … 40ml
　｜砂糖 … 小さじ½
　｜塩、こしょう … 各少々
かぶの葉 … 適量
パセリのみじん切り … 大さじ1

作り方

1. Aは混ぜ合わせてドレッシングを作る。
2. カリフラワーは5～6mm厚さに切り、かぶは茎を1cmほど残して8～10等分のくし形切りにし、マッシュルームは縦半分に切る。
3. フライパンを熱して2を素焼きにし、塩をふる。
4. 3を器に盛ってかぶの葉を飾り、1にパセリのみじん切りを加えて添える。

意外な素材の組み合わせが好相性
黒豆のカッテージチーズあえ　副菜2

材料（4人分）
黒豆の甘煮 … 60g
カッテージチーズ … 150g
のりのつくだ煮 … 45g
ミント … 適宜

作り方

1. ボウルに黒豆、チーズ、つくだ煮を入れてあえ、器に盛る。
2. あればミントを飾る。

Point!
野菜は油をひかずにフライパンで素焼きにする。焼くと野菜のもつ甘みが引き出される。

| 調理の手順 | → 副菜1を作る | → 副菜2を作る | → 主菜を作る |

冬 / 月曜日の献立

ムニエルを温かいスープで
いとよりの野菜スープ浸し 主菜

材料（4人分）
- いとより（三枚おろし・78ページ）…4切れ
- 玉ねぎ … 1個
- ピーマン（赤・緑）… 各3個
- 小麦粉 … 適量
- サラダ油 … 大さじ2
- 白ワイン … 100ml
- バター … 大さじ1
- A｜顆粒フュメドポワソン（14ページ）… 16g
  ｜熱湯 … カップ4
- 砂糖 … 少々
- 顆粒片栗粉（22ページ）… 大さじ½
- レモン汁 … 小さじ2
- 塩 … 適量
- レモンの半月切り … 4枚

作り方
1 玉ねぎは8mm幅のくし形切りにし、ピーマンはへたと種をとって短冊切りにする。
2 いとよりは水けをふき、小麦粉をふる。
3 Aは合わせて溶かす。
4 フライパンにサラダ油を熱し、2を皮目を下にして入れ、中弱火で焼く。両面に焼き色がついたら弱火にし、白ワイン50mlを注いでふたをし、蒸し焼きにする。中まで火が通ったら器に盛る。
5 4のフライパンにバターを溶かし、1を炒めて塩少々をふる。残りの白ワインを注いで半量に煮詰め、3を加えて1～2分煮、塩、砂糖各少々で味を調える。火を止めて顆粒片栗粉をふり入れ、混ぜながら火にかけ、とろみがついたらレモン汁を加える。4にかけてレモンをのせる。

Point!
魚は、たら、たい、さわら、まながつお、いさきなどでもおいしい。好みや季節に合わせて応用しましょう。

冬

忙しいときのお助け、手軽な和風献立

豆腐のきのこあんかけ
茶そば
豚肉ともやしの甘口しょうゆあえ

温かいあんでほっとする味
豆腐のきのこあんかけ 副菜

材料（4人分）

木綿豆腐（水きりする）…2丁
しめじ…1パック
しいたけ…4個
えのきだけ…1袋
A　煮干しのだし汁（11ページ）…カップ2
　　酒…大さじ1
　　薄口しょうゆ…小さじ2
　　塩…小さじ1/3
塩…少々
顆粒片栗粉（22ページ）…小さじ2
しょうがのせん切り…1かけ分

作り方

1　きのこは石づきをとり、しめじはほぐし、しいたけは8mm幅に切り、えのきだけは長さを半分に切る。
2　豆腐は1丁を半分ずつに切る。
3　鍋にAを一煮立ちさせ、豆腐を入れて1〜2分煮、器に盛る。
4　3の鍋に1を入れて2〜3分煮、塩で調味する。火を止め、顆粒片栗粉をふり入れて混ぜながら火を入れる。3にかけ、しょうがを添える。

盛りつけの工夫で美しく
茶そば 主食

材料（4人分）

乾燥茶そば…100g
貝割れ菜…1/2パック
みょうが…1個
うずら卵…4個
昆布茶…小さじ1
刻みのり、そばつゆ…各適量
A　万能ねぎの小口切り、おろし大根、おろしわさび
　　…各適量

作り方

1　貝割れ菜は根を除いて2cm長さに切り、みょうがはせん切りにする。
2　茶そばは表示時間通りにゆで、水にとってざるに上げ、水けをきって昆布茶をふりかける。
3　器に2を盛り、うずらの卵を割ってのせ、1を散らして刻みのりをのせる。そばつゆとAを添える。

| 調理の手順 | → | 副菜の豆腐を水きりし、主食と主菜の湯を沸かす | → | 副菜を作る | → | 主食を作る | → | 主菜を作る |

冬 火曜日の献立

さっとゆでてパッとあえるだけ
豚肉ともやしの甘口しょうゆあえ 〈主菜〉

材料（4人分）

豚しょうが焼き用肉…300g
もやし…2袋
にら…½束
塩…適量
甘口しょうゆあえの素…2袋

作り方

1. 豚肉は3cm幅に切り、にらは3〜4cm長さに切る。
2. 鍋に湯を沸かして塩（水1ℓに対して塩小さじ1）を加え、豚肉をざるに入れ、鍋に入れてゆでる。ざるを引き上げて湯をきり、ボウルに入れる。
3. 2の鍋でにらともやしをさっとゆで、湯をきって2のボウルに加える。熱いうちにしょうゆあえの素を加えてあえ、器に盛る。

ときには市販の合わせ調味料を使って手軽に。ここで使用したのは「ごはんによくあう ごちうま 豚もやしの甘口醤油和えの素」（江崎グリコ）。

冬 水 Wednesday

おもてなしにも使えそう！

切り干し大根のツナサラダ
コロコロステーキ
あなごのかぶら蒸し

もどすだけで使える乾物を活用
切り干し大根のツナサラダ　副菜1

材料（4人分）

- にんじん入り切り干し大根 … 15g
- 塩 … 少々
- ツナ（缶詰）… 60g
- ブロッコリースプラウト … 1パック
- A｜薄口しょうゆ、レモン汁 … 各大さじ1½
   ｜しょうが汁 … 小さじ1

作り方

1. 切り干し大根は熱湯に5分浸してもどし、水けをしっかり絞り、塩をふって混ぜる。
2. ツナは缶汁をきり、缶汁は大さじ1½をとっておく。
3. スプラウトは根を切り、2〜3cm長さに切る。
4. ボウルにAと2の缶汁を混ぜ、1とツナ、スプラウトを飾り用に残して加え、あえる。
5. 器に4を盛り、残したスプラウトを飾る。

あめ色玉ねぎで簡単に極うまソース！
コロコロステーキ　主菜

材料（4人分）

- 牛ももステーキ用肉 … 300g
- ブロッコリー … 1個
- A｜ウスターソース、薄口しょうゆ、
   ｜　みりん … 各大さじ2
   ｜酒 … 大さじ4
- 塩、サラダ油 … 各適量
- B｜あめ色玉ねぎ（58ページ）
   ｜　… ⅓量（約80g）
   ｜バルサミコ酢 … 大さじ2

作り方

1. ボウルにAを混ぜ合わせ、牛肉を2.5cm角に切ってつける。ブロッコリーは小房に分ける。
2. 鍋に湯を沸かして塩とサラダ油（水1ℓに対して塩小さじ1、サラダ油大さじ1）を加え、ブロッコリーをゆでる。湯をきり、器に盛る。
3. フライパンにサラダ油大さじ1を熱し、牛肉の汁けをきって入れ、全面を焼く。肉をとり出して2の器に盛る。
4. 3のフライパンに残った肉のつけ汁とBを入れて少し煮詰め、3に添える。

| 調理の手順 | → | 副菜1の切り干し大根をもどし、主菜のブロッコリーをゆでる | → | 副菜2を作る | → | 副菜1を作る | → | 主菜を作る |

冬　水曜日の献立

見た目よし、実は簡単
あなごのかぶら蒸し　副菜2

材料（4人分）

- 焼きあなご … 2尾
- かぶ … 3個
- ゆり根 … 1個
- 生きくらげ … 50g
- はんぺん … 1枚
- かぶの茎 … 1個分
- 卵白 … 1個分
- A ┃ だし汁（濃いめ・14ページ） … カップ 1½
  ┃ 薄口しょうゆ、みりん、酒 … 各大さじ1
- 塩、顆粒片栗粉（22ページ）… 各適量

作り方

1. かぶは皮をむいてすりおろし、ざるに入れてかるく水けをきる。
2. ゆり根は洗って外側から1枚ずつはずし、汚れや傷をとり除く。きくらげは2cm角に切る。
3. あなごは3cm幅に切り、はんぺんは2cm角に切る。
4. 2、かぶの茎を塩ゆでし、茎は小口切りにする。
5. ボウルに卵白を入れて白くなるまでかるく泡立て、1を加えて混ぜ、塩少々を加える。
6. 器に3、ゆり根、きくらげを入れて5をのせる。ラップをかけて蒸気の上がった蒸し器に入れ、10〜15分蒸す。
7. 小鍋にAと塩少々を入れて煮立て、火を止める。顆粒片栗粉をふり入れて混ぜながら火にかけ、とろみがついたらかぶの茎を加える。
8. 6に7のあんをかける。

Point!

少しもったりする程度に泡立てた卵白に、おろしたかぶを混ぜる。

器に具材を入れ、かぶと卵白を混ぜたものをかける。小ぶりの器に1人分ずつ作っても。

冬 木曜日にする下準備はこちら

食材をおいしく食べきるため、
魚介類は買ってきたらすぐに下ごしらえして保存を。
ここでがんばっておけば、後の手間が一つ減ります。

買い物の後にすぐしておくことは……

  魚介に塩をふる　→木曜日、土曜日に使う

作り方
購入してきた魚介類はパックから出し、それぞれ塩をふる。種類ごとにバットなどに入れ、ラップをして冷蔵庫で保存する。

  まぐろのづけを作る　→金曜日に使う

材料（4人分）

まぐろ（刺身用）… 160g
薄口しょうゆ … 小さじ1

作り方
1 まぐろは1.5cm角に切り、バットなどに重ならないように入れ、薄口しょうゆをまわしかける。
2 ラップをかけて冷蔵庫に入れる。

Point!
前日につけるときは色が濃くならないように、薄口しょうゆを使う。食べる当日に作るなら、普通のしょうゆを使い、分量を小さじ1½に。

木曜日の献立

ホットプレートで楽しく調理！

白菜の中華風サラダ
麻婆ごま豆腐
海の幸の焼きそば

冬 木曜日の献立と下準備

麻婆ごま豆腐

白菜の中華風サラダ

海の幸の焼きそば

89

冬 木 Thursday

| 調理の手順 | → 野菜類を切る | → 合わせる 調味料を混ぜる |

花椒を使うと本格的な味に
白菜の中華風サラダ 副菜1

材料（4人分）

- 白菜*1 … 400g
- 赤ピーマン … 2個
- しょうがのせん切り … 2かけ分
- 花椒（ホワジャオ）*2 … 小さじ2
- サラダ油 … 大さじ1
- 塩 … 少々
- A
  - 米酢 … 大さじ2
  - 砂糖、紹興酒 … 各大さじ1½
  - 薄口しょうゆ … 小さじ2
  - 塩 … 小さじ½

作り方

1. 白菜は5cm長さに切り、白い部分は6～7mm幅、葉は1cm幅の細切りにする。
2. 赤ピーマンは3～4mm幅の細切りにする。
3. Aは混ぜ合わせる。
4. フライパンにサラダ油を熱し、赤ピーマン、しょうが、花椒、白菜を順に入れて炒め、塩をふる。3を加えてかるく炒め、器に盛る。

*1 木曜日に白菜½個を買い、その⅓量を使用。残りは土曜日の「ちり鍋」に。
*2 中華食材の一つで、しびれるような辛さが特徴のスパイス。粉山椒で代用可。

とろりと濃厚な味わいが美味
麻婆ごま豆腐 副菜2

材料（4人分）

- ごま豆腐 … 4個
- ブロッコリー … 小1個
- A
  - 牛ひき肉 … 120g
  - 紹興酒 … 大さじ1
  - ごま油 … 大さじ½
  - 薄口しょうゆ、砂糖 … 各小さじ1
- 塩、サラダ油 … 各適量
- 顆粒片栗粉（22ページ） … 大さじ½
- 糸唐辛子 … 適量
- B
  - にんにくのみじん切り … 1かけ分
  - 豆板醤（トウバンジャン） … 適量
  - 赤みそ … 小さじ2
- C
  - 水 … 80ml
  - 紹興酒 … 大さじ2
  - 砂糖 … 小さじ2
  - 薄口しょうゆ … 小さじ1

作り方

1. ブロッコリーは塩とサラダ油を加えた湯（水1ℓに対して塩小さじ1、サラダ油大さじ1）でゆでる。
2. フライパンにサラダ油大さじ1を熱し、Aを混ぜ合わせて入れ、Bを順に加えて炒める。Cを加えて煮立て、ごま豆腐を加えて1～2分煮、豆腐は器に盛る。
3. 火を止めて顆粒片栗粉をふり入れ、混ぜながら火を通して豆腐にかける。1を添え、糸唐辛子をのせる。

→ 副菜1を作る → 副菜2を作る → 主食を作る

冬 木曜日の献立

食卓でみんなで作れば楽しい
海の幸の焼きそば 主食

材料（4人分）

中華蒸し麺…4玉
えび…12尾
帆立て貝柱…8個
いか…100g
ゆでだこ…120g
玉ねぎ…½個
キャベツ…¼個
万能ねぎ…5本
サラダ油…大さじ2
塩、こしょう…各適量
A｜オイスターソース…大さじ1½
　｜昆布にんにくしょうゆ（10ページ）
　　…大さじ2

作り方

1. えびは殻をむいて背わたをとり、いか、たこは一口大に切り、帆立て貝柱とともに塩をふる。
2. 玉ねぎは7〜8mm幅、キャベツは1cm幅に切る。万能ねぎは下半分は3cm長さに切り、上半分は小口切りにする。
3. ホットプレートにサラダ油大さじ1を熱し、1を炒める。火が通ったものからいったんとり出す。
4. 残りのサラダ油を足し、玉ねぎ、キャベツ、3cm長さに切ったねぎを順に加えて炒める。麺を加えて炒め合わせ、塩、こしょう各少々をふる。3を戻し入れ、Aをまわし入れて炒める。とり分けて食べるときに万能ねぎの小口切りを散らす。

Point!
麺がほぐれにくいときは、水少々をふるとよい。

冬 金 Friday

つけ込みや焼き時間を効率よく使う

まぐろとアボカドのサラダ
長芋のじゃがバタ風
鶏胸肉のステーキ

相性のよい材料の組み合わせ
まぐろとアボカドのサラダ　副菜1

材料（4人分）

まぐろのづけ（木曜日につけたもの。88ページ）
　…160g
アボカド … 1個
レモン汁 … 小さじ1
A｜マヨネーズ … 大さじ4
　｜粒マスタード … 大さじ1
　｜薄口しょうゆ … 小さじ½
　｜塩 … 少々
ラディッシュ … 3個
水菜の葉＊ … 適量
レモンのくし形切り … 4切れ

作り方

1. アボカドは1cm角に切り、レモン汁をかける。ラディッシュは薄切りにする。
2. ボウルにAを入れて混ぜ、まぐろ、アボカドを加えてあえる。
3. 器に水菜を敷いて2を盛り、ラディッシュを散らしてレモンを添える。

＊残った水菜は翌日に使う。

長芋なら焼き上がりが早い
長芋のじゃがバタ風　副菜2

材料（4人分）

長芋 … 250g
あさり水煮（缶詰）
｜あさり … 60g
｜缶汁 … 大さじ1
サラダ油 … 適量
薄口しょうゆ … 小さじ2
バター … 1cm角に切ったもの16個
万能ねぎの小口切り … 適量

作り方

1. 長芋は食べやすい大きさの薄切りにする。
2. 耐熱容器の内側にサラダ油を塗り、あさりと1を¼量ずつ入れ、缶汁と薄口しょうゆを均等にかける。バターを4個ずつのせ、オーブントースターで15分ほど焼く。
3. 焼き上がったらとり出し、万能ねぎを散らす。

| 調理の手順 | → 主菜の鶏肉をつけ、ソースを作る | → 副菜2を作る | → 主菜を作る | → 副菜1を作る |

冬 金曜日の献立

肉にも野菜にも合うソースで
鶏胸肉のステーキ

材料（4人分）

鶏胸肉（Aにつける）… 2枚
A | しょうゆ … 大さじ1½
  | はちみつ … 大さじ1
  | りんご酢 … 大さじ½
B | 赤みそ … 50g
  | はちみつ … 大さじ3
  | 白ワイン、バルサミコ酢
  | … 各大さじ1
卵黄 … 1個分
米なす、赤ピーマン … 各1個
サラダ油 … 大さじ4
白ワイン … 大さじ2
小麦粉、粗びき黒こしょう … 各適量

作り方

1 小鍋にBを入れて混ぜ、火にかける。煮立ったら弱火でとろみがつくまで練り、火を止めて手早く卵黄を加えて混ぜ、ソースを作る。

2 米なすは縦に4枚に切り、赤ピーマンは2〜3mm幅に切る。

3 フライパンにサラダ油大さじ2を熱し、米なすを焼いて器に盛る。赤ピーマンを炒め、とり出す。

4 3のフライパンに残りのサラダ油を足し、鶏肉の汁けをきって小麦粉をまぶし、皮目から中火で焼く。白ワインを注ぎ、ふたをして火を通す。

5 鶏肉をそぎ切りにしてなすにのせ、赤ピーマンを飾って黒こしょうをふる。1のソースを飾り、残りは添える。

冬 土 Saturday

さっとできる副菜と鍋で手間いらず

じゃが芋のシャキシャキサラダ
鴨とキウイのあえ物
ちり鍋

調味いらずで手早くできる　副菜1
じゃが芋のシャキシャキサラダ

材料（4人分）

じゃが芋＊ … 1個
絹さや … 8枚
辛子明太子 … 1腹
サラダ油 … 大さじ1

作り方

1　じゃが芋は皮をむき、スライサーで細切りにする。
2　絹さやは筋をとり、斜め細切りにする。
3　辛子明太子は薄皮を除く。
4　フライパンにサラダ油を熱し、1、2をさっと炒める。火を止めて3を加えて混ぜ、器に盛る。

＊じゃが芋は歯ざわりよく仕上がるメークインがおすすめ。

口直しにさっぱりと
鴨とキウイのあえ物　副菜2

材料（4人分）

合い鴨のスモーク（市販） … 30g
キウイ … 2個
塩 … 少々

作り方

1　キウイは横半分に切り、中をくりぬいて器にし、塩をふる。
2　くりぬいた身は8mm角に切る。
3　合い鴨は1cm角に切り、キウイの身とともに1の器に盛る。

| 調理の手順 | → | 鍋に水を入れ、主菜の昆布をつける | → | 副菜2を作る | → | 副菜1を作る | → | 主菜の具、薬味、たれを準備する |

冬 土曜日の献立

具材たっぷりでおいしいだしも満喫

ちり鍋 主菜

材料（4人分）
白身魚（鯛、金目鯛など）
　…4切れ
殻つきえび…大4尾
はまぐり…8個
焼き豆腐…1丁
こんにゃく…1枚
白菜…800g
長ねぎ…2本
水菜、春菊…各½束
しいたけ…8個
昆布…10cm角3枚
薬味
　おろし大根、万能ねぎの小口切り、
　すだち（半分に切る）…各適量
ポン酢しょうゆ…適量
ゆでうどん…適宜

作り方
1. 鍋に水を五分目まで入れ、昆布をつける。
2. えびは背わたをとり、焼き豆腐は水きりして8等分し、こんにゃくはあく抜きして1cm厚さに切る。
3. 白菜はざく切りにし、水菜と春菊は6～7cm長さに切り、長ねぎは斜め切りにし、しいたけは石づきをとる。
4. 鍋を火にかけ、煮立つ直前に昆布を引き上げる。魚介、豆腐、こんにゃく、野菜を順に入れる。火が通ったところからとり分け、薬味、ポン酢しょうゆを加えて食べる。

ある程度具を食べ終えたら、おいしいスープでうどんを煮ても。

江崎美惠子（えざき・みえこ）

兵庫県生まれ。甲南大学在学中に江崎グリコ3代目社長・江崎勝久氏と結婚。一男二女に恵まれ、家事・育児に専念するが、37歳のときに辻学園日本調理師専門学校に入学し、調理師免許などを取得する。1991年より自宅で料理教室を主宰。'96年に芦屋市内でシュガーデコレーションケーキの店と教室「江崎サロン・プレステージ」を、2003年には同所で料理教室「プルミエ キッチン & スタジオ」を開く。著書にレシピ集『江崎美惠子の芦屋風味のおもてなし』（小学館スクウェア）、『ふたりでクッキング』、暮らしのマナーをつづった『芦屋スタイル』（以上、講談社）など。フランス料理アカデミー日本支部会員。日本ソムリエ協会認定ソムリエ。

Staff

スタイリング	江崎美惠子
撮影	青砥茂樹（本社写真部）
構成・編集	庄司和以
アートディレクション	釜内由紀江（GRiD）
デザイン	清水 桂　井上大輔（GRiD）
イラスト	川﨑あっこ

協力
井原水産 株式会社
☎ 0120-016-443

株式会社 中尾アルミ製作所
☎ 03-5830-2511

講談社のお料理BOOK
もう悩まない台所のコツ
１週間システムクッキング

2016年11月10日　第1刷発行
2016年11月29日　第3刷発行

著　者	江崎美惠子
発行者	鈴木 哲
発行所	株式会社 講談社
	〒112-8001
	東京都文京区音羽2-12-21
	電話（編集）03-5395-3527
	（販売）03-5395-3606
	（業務）03-5395-3615
印刷所	大日本印刷株式会社
製本所	株式会社若林製本工場

©Mieko Ezaki 2016, Printed in Japan

定価はカバーに表示してあります。
落丁本・乱丁本は、購入書店名を明記のうえ、小社業務あてにお送りください。
送料小社負担にてお取り替えいたします。
なお、この本についてのお問い合わせは、生活実用出版部第一あてにお願いいたします。
本書のコピー、スキャン、デジタル化等の無断複製は著作権法上での例外を除き禁じられています。本書を代行業者等の第三者に依頼してスキャンやデジタル化することは、たとえ個人や家庭内の利用でも著作権法違反です。

ISBN978-4-06-299688-4